성공 하려면 나를 **프로젝트** 하라_

성공하려면 나를 **프로젝트** 하라_

초판 1쇄 인쇄 | 2005. 1. 3
초판 3쇄 발행 | 2007. 8. 11

지은이 | 홍지원
펴낸이 | 박옥희
펴낸곳 | 도서출판 인디북

등록일자 | 2000. 6. 22
등록번호 | 제 10-1993호
주　소 | 서울시 마포구 용강동 469 하나빌딩 2층
전　화 | 02)3273-6895~6　팩　스 | 02)3273-6897
홈페이지 | www.indebook.com

ISBN 89-5856-031-2　03320

* 잘못 만들어진 책은 구입처나 본사에서 교환해 드립니다.

 **나의 브랜드 가치를 높이는 성공 프로젝트** | 홍지원 지음

성공 하려면 나를
프로젝트 하라_

인디북

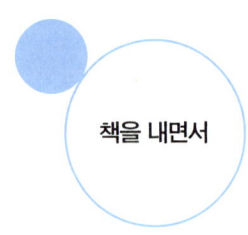

책을 내면서

우리는 이미지 홍수 속에 산다고 해도 과언이 아니다. 개인에서부터 국가에 이르기까지 이미지는 성공과 실패를 좌우하는 키워드가 되었다. 그러나 제대로 표현된 이미지를 찾기란 쉽지 않다. 왜 그럴까?

과거보다 자신을 표현하는 데 거리낌이 없는 현대인들은 이미지를 하나의 성공 전략으로 적극 활용하고 있다. TV 속에 등장하는 유명 스타가 아니더라도 우리는 거리 곳곳에서 멋스럽게 치장을 하고 다니는 사람을 수없이 목격한다. 현대인들은 여러 매체를 통해 터득한 방법을 적극적으로 활용하며 도드라져 보이기 위해 최선을 다한다. 그러나 대부분 어린아이가 어른 옷을 입은 것처럼 어딘가 어색하고 어울리지 않는다. 이는 '나'를 전혀 염두에 두지 않고 타인의 것을 모방하기 때문이다.

필자는 이러한 현실에 안타까움을 느끼고 오랫동안 자신의 브랜드 가치를 효과적으로 높일 수 있는 이미지 연구에 힘써 왔다. 단순히 자신에게 어울리는 옷, 헤어스타일, 액세서리 등을 찾는 것이 아니라 내면에 있는 본연의 모습을 이끌어내어 이미지화할 수 있는 방법에 주목했다.

그 결과 필자는 자신을 효과적으로 이미지화하는 데 도움이 되는 방법을 찾아냈다. 그것이 이 책에서 다루고 있는 'PIP'이다.

이 프로그램은 객관적으로 '현재의 나'를 관찰하고 분석하여 '되고 싶은 나'로의 변화를 꾀하는 '자기 바라보기(MI:Mind Identity)'와 자신만의 고유한 생활습관과 행동들을 파악하여 원만한 대인관계를 꾀하는 '자기 행동하기(BI:Behavior Identity)', 자기 바라보기와 자기 행동하기를 통해 분석한 자료를 바탕으로 '보이지 않는 나'를 '보이는 나'로 이미지화하는 '자기 표현하기(VI:Visual Identity)'를 중심으로 구성되어 있다. 이 세 가지 요소가 어느 한쪽으로 치우치지 않고 조화롭게 변화하면 '현재의 나'와 '되고 싶은 나'와의 간격을 효과적으로 좁힐 수 있다.

필자는 이 프로그램으로 자신을 제대로 표현하지 못해 어려움을 느끼는 사람들과 기업들을 컨설팅했고 그 효과를 생생하게 목격했다. 그리고 '나의 꼬라지'를 그대로 인정하는 것이 얼마나 중요한 일인지 새삼 깨닫게 되었다. 실제 'PIP'의 축을 이루는 세 가지 요소는 공통적으로 '나의 꼬라지'를 인정하는 것에서부터 시작된다.

모든 문제점과 해결점은 모두 '나'에게 있다. 제대로 튀려면 먼저 자신을 알아야 한다. 그래야 여러 사람 속에서도 효과적으로 튈 수 있다. 자신을 인성하지 않은 채 변화만을 시도하기 때문에 제대로 튀지 못하는 것이며, 쏟아

부은 노력과 시간에 비해 브랜드 가치가 상승하지 않는 것이다.

　지금은 변화의 시대다. 중심을 잡지 못하면 이리저리 휩쓸려 다니기 십상이며, 내가 없는 허깨비에 불과한 이미지를 만들 게 된다. 성공을 거머쥐고 대외적으로 인정받는 사람들을 보라. 소용돌이치는 변화 속에서 '나'를 지키면서 효과적으로 이미지화한 사람들이다. 즉, '나'에 주목하고 변화를 주도하는 사람만이 완전한 성공을 이룰 수 있다. 필자는 감히 'PIP'가 이것이 가능하도록 최적화된 프로그램이라고 말하고 싶다.

　필자의 작은 바람이 있다면 이 책이 '현재의 나'와 '되고 싶은 나'의 간격을 좁히고자 하는 데 구체적인 방법을 모르는 사람들에게 훌륭한 길잡이가 되기를 바란다. 또한 자신의 브랜드 가치를 높일 수 있는 하나의 전략이 되어 성공에 한 걸음 다가설 수 있는 발판이 되었으면 한다.

　아울러 이 책이 세상의 빛을 볼 수 있기까지 필자를 따뜻한 시선으로 지켜보며 응원과 격려를 아낌없이 보낸 사람들에게 이 자리를 빌려 머리 숙여 감사를 드린다.

2004년 가을

홍지원

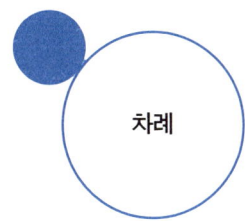

차례

책을 내면서 _ 4

PART 1 작은 나는 변화를 꿈꾼다

SUCCESS 01 21세기 최고의 키워드, 개인 브랜드로 승부하라 _ 15

SUCCESS 02 변화를 두려워 말라 _ 18

SUCCESS 03 현대인들은 이미지를 소비한다 _ 21

SUCCESS 04 자신의 꼬라지를 그대로 인정하라 _ 26

SUCCESS 05 튀려면 제대로 튀어라 _ 29

SUCCESS 06 세상에는 황새가 되고 싶은 뱁새가 많다 _ 33

SUCCESS 07 타고난 신데렐라는 없다 _ 36

SUCCESS 08 세상을 변화시키는 힘, PI _ 39

PART 2 PI가 변하면 성공이 보인다

SUCCESS 09 남이 보는 나와 내가 보는 나는 다르다 _ 49

SUCCESS 10 멘토링(mentoring)늘 활용하면 내가 더 실 보인다 _ 52

SUCCESS 11 컵 속의 나를 분석하라 _ 55

SUCCESS 12 정체성을 찾아라 _ 58

SUCCESS 13 쓸데없는 역할은 과감하게 버려라 _ 62

SUCCESS 14 목표가 있는 사람은 길을 잃지 않는다 _ 66

SUCCESS 15 좋아하는 것과 잘하는 것은 다르다 _ 70

SUCCESS 16 플러스 행동을 실천하라 _ 73

SUCCESS 17 고 정주영 회장이 성공한 이유 _ 77

SUCCESS 18 첫인상, 자세에서 결정된다 _ 82

SUCCESS 19 표정은 좋은 인상의 핵이다 _ 85

SUCCESS 20 인상은 눈썹, 눈, 입의 라인에 의해 결정된다 _ 89

SUCCESS 21 달변가가 되려면 제스처를 잘 사용하라 _ 93

SUCCESS 22 호소력 있는 목소리가 자신의 가치를 높인다 _ 97

SUCCESS 23 나의 성향을 파악하면 원하는 스타일이 보인다 _ 100

SUCCESS 24 자신의 이미지를 결정하는 전공 필수, 전공 선택 _ 105

SUCCESS 25 나를 돋보이게 하는 컬러가 있다 _ 108

SUCCESS 26 체형을 입체적으로 파악하라 _ 112

PART 3 나 표현하기 프로젝트 실전

SUCCESS 27 세상에는 세 가지 유형의 사람이 있다 _ 125

SUCCESS 28 거울을 안 보는 사람 _ 128

SUCCESS 29 앙꼬 없는 찐빵 같은 사람 _ 133

SUCCESS 30 걷는 것에도 자신감이 필요한 사람 _ 137

SUCCESS 31 메모를 해야 할 사람 _ 142

SUCCESS 32 향기가 필요한 사람 _ 145

SUCCESS 33 카리스마가 부족한 사람 _ 148

SUCCESS 34 열 살 늙어 보이는 사람 _ 152

SUCCESS 35 늙어 보여야 할 사람 _ 157

SUCCESS 36 절제가 필요한 사람 _ 161

SUCCESS 37 결단을 내리지 못하는 사람 _ 165

SUCCESS 38 플러스 인상을 가지고 싶어하는 사람 _ 168

SUCCESS 39 이성에게 호감을 느끼게 하는 사람 _ 172

SUCCESS 40 튀고 싶은 사람 _ 176

SUCCESS 41 적성을 몰라 헤매는 사람 _ 1/9

SUCCESS 42 취업을 하고 싶은 사람 _ 182

SUCCESS 43 기업의 가치를 높여주는 PI _ 185

SUCCESS 44 CEO의 이미지는 기업의 이미지이다 _ 190

SUCCESS 45 벤처 성공신화를 꿈꾸는 사람 _ 193

SUCCESS 46 샐러리맨을 위한 PI _ 197

PART 4 PIP효과를 높여라

SUCCESS 47 또 하나의 표현 수단, 휴대폰 _ 213

SUCCESS 48 통화연결음은 첫인사다 _ 216

SUCCESS 49 전화 예절은 전체 이미지를 말한다 _ 219

SUCCESS 50 제2의 경영, 홈페이지를 활용하라 _ 222

SUCCESS 51 인테리어는 주인을 닮는다 _ 225

SUCCESS 52 명함은 작은 자기소개서이다 _ 228

SUCCESS 53 사업 성공을 좌우하는 비즈니스 편지 _ 231

SUCCESS 54 향수를 잘 뿌리면 이미지가 좋아진다 _ 234

SUCCESS 55 서류봉투에는 서류만 담지 않는다 _ 237

SUCCESS 56 제2의 언어, 이모티콘 _ 240

SUCCESS 57 보이는 이미지를 높이는 도구, 사진 _ 243

SUCCESS 58 이미지를 결정하는 핵심 아이템, 넥타이 _ 246

SUCCESS 59 이메일에도 예의가 필요하다 _ 251

자기 정보

1. 이름 : 한글, 한자, 영어 / 부모님 성함 : 한글, 한자, 영어

2. 주소

3. 전화번호, 이메일

4. 성별, 생년월일(양력, 음력), 태어난 시, 띠

5. 혈액형 / 부모님 혈액형

6. 혈압, 맥박수, 평소체온

7. 가족사항, 가족의 특성, 가훈

8. 학력, 경력, 현재 하고 있는 일

9. 키, 몸무게

10. 할아버지, 할머니 성함 : 한글, 한자, 족보

PART 1

작은 나는 변화를 꿈꾼다 _

SUCCESS_01

21세기 최고의 키워드,
개인 브랜드로 승부하라

▪▪▪▪ 사회 전반적으로 브랜드 가치에 대한 관심이 고조되면서 기업이나 상품처럼 개인도 브랜드 가치를 높일 수 있는 존재라는 인식이 확산되고 있다. 능력과 자질도 중요하지만, 이제는 그것을 상대방에게 어떻게 효과적으로 전달하느냐가 성공의 키워드가 되었다.

정보화, 지식화로 인해 과거와 달리 모든 계층이 정보를 공유하게 되면서 비슷한 능력을 가진 사람들이 쏟아져 나오고 있다. 그리하여 스스로 자신의 브랜드 가치를 높이지 않고서는 성공할 수 없는 시대가 도래하였다.

최근 기업들의 입사지원 조건의 변화를 보면 이는 더욱 명확해진다. 과거에는 학벌을 중시하여 학력이 당락을 결정하는 중요한 변수가 되었다. 하지만 지금은 학력에 제한을 두지 않고 대학 졸업장보다는 '개인의 개성과 가치'를 중시한다. 전체를 우선시하던 과거와는 달리 개인을 더 부각시키는 개성시대가 되었다.

한 개인의 브랜드 가치가 얼마나 많은 이득을 가져오는지는 아시아에서 열풍을 일으키고 있는 가수 보아를 보면 그 해답을 쉽게 찾을 수 있다.

보아는 1986년생, 신장 160센티미터, 체중 42킬로그램의 작은 체구를 가진 어린 소녀에 불과하다. 하지만 그녀의 잠재력과 시너지 효과는 웬만한 기업과 맞먹는다.

얼마 전 '일본 5개 도시 순회 콘서트' 중 마지막 콘서트 장소였던 요코하마 경기장에는 무려 1만 3,000여 명이 운집했다. 또 그녀가 지난 2년간 음반 판매로 벌어들인 수익금은 1,000억 원이고 그녀의 가치는 매출액 1조 원 이상의 기업과 같다. 무엇보다 그녀의 인기로 인해 일본에서 '한국어 배우기' 신드롬이 이는 등 여러 면에서 국가 이미지 제고에 큰 몫을 했다.

잉글랜드 축구영웅 데이비드 베컴의 경제적 파급효과 또한 50억 파운드(약 10조 2,000억 원)에 달한다고 한다. 이처럼 '개인의 브랜드 가치'는 우리의 상상을 초월한다.

이제 많은 사람들이 자신을 브랜드화시켜 가치를 높일 수 있는 방법에 주목하기 시작했다. 과거에는 개인 브랜드 가치에 주목하는 사람들이 CEO, 정치인, 연예인 등 특정 계층에 그쳤지만 점차 직장인, 주부, 대학생, 사회 초년생 등으로 확대되고 있다.

자신에게 신뢰와 만족이 필요한 사람, 독특한 자신만의 이미지 구축이 필요한 사람, 보다 질 높은 삶을 추구하고 싶은 사람, 자기표현이 부족한 사람 등 삶의 질을 향상시키고자 하는 모든 사람들에게 브랜드화 작업이 필요하게 되었다.

그럼 당신의 브랜드 가치는 얼마라고 생각하는가? 그리고 스스로 자신의 브랜드 가치에 만족하는가? 또한 자신의 브랜드 가치가 자신이 세운 목표에 도달하기에 충분하다고 생각하는가?

만약 이 질문에 자신있게 대답할 수 없다면 개인 브랜드 가치를 높여라. 또한 개인 브랜드 가치를 높이는 데 들어가는 비용과 시간을 아깝다고 생각하지 마라. 개인 브랜드 가치를 높이는 것은 성공을 앞당기는 가장 효과적인 방법이다.

MY PROJECT

성공을 꿈꾼다면 개인 브랜드 가치를 극대화하라.

 나의 브랜드 가치를 높이는 방법
- 항상 자신을 점검하고 반성하라.
- 자신의 특별한 점을 파악하고 개발하라.
- 끊임없이 변화를 시도하라.
- 사람을 사랑하라.
- 삶의 모델을 찾아 벤치마킹하라.

SUCCESS_02
변화를 두려워 말라

••• 지금은 변화의 시대다. 혁명적이라고 할 만큼 빠른 속도로 세상은 변하고 있다. 그로 인해 사람들은 변화하지 않고서는 낙오될 수밖에 없는 상황에 처하게 되었다. 구태의연한 표현이지만 더 이상 '고인 물' 이어서는 성공할 수 없다.

아무리 거부해도 현대인들은 변화에서 자유로울 수 없다. 자의든 타의든 끊임없이 변할 수밖에 없다. 그래서 변화를 적극적으로 주도하느냐 혹은 끌려가느냐에 따라 성공 여부가 판가름 난다.

이를 입증하는 예는 우리 주변에서 쉽게 찾을 수 있다. '여가수는 생명력이 짧다' 라는 편견을 깬 가수 엄정화를 보라. 그녀는 서태지처럼 파격적인 장르의 음악을 선보인 것도 아니고 폭발력 있는 가창력을 가지고 있는 것도 아니다. 그렇다고 언론에서 평가하는 것처럼 '섹시하다' 는 말을 들을 만큼 팔등신 몸매의 소유자도 아니다. 그럼에도 그녀는 장기간 대중의 인기를 한몸에 받고 있다. 그것은 바로 끊임없이 변화를 시도하기 때문이다.

연예계에 데뷔한 지 꽤 오래되었음에도 식상하거나 지루하지 않은 것은 그녀의 변신이 주는 신선함 때문이다. 그녀는 메이크업, 의상, 소품 등을 효과적으로 이용해 매번 앨범이 나올 때마다 파격적인 변신을 시도한다. 만약 그녀가 변화를 주도하지 못했다면 다른 여가수들처럼 '반짝' 빛을 발하고 사라져 버렸을 것이다.

기업도 마찬가지다. 특성상 변화를 주도하는 데 한계가 있는 제조업 등 초기 사업모델을 고수한 기업들은 도태되었거나 현재의 위치를 어렵게 지키고 있다. 반면 안정적인 수익원이었던 제조업에 대한 미련을 과감하게 떨쳐버리고 다른 사업으로의 진출을 꾀한 기업들은 승승장구하고 있다.

과거 사람들은 현재의 상태를 그대로 유지하는 것을 더 나은 미래를 위한 최선책이라고 생각했다. 흥선 대원군을 보라. 그는 외부로부터의 위협을 막고, 정치·경제적인 내부의 위기를 극복하고, 나라가 안고 있는 약점을 확대하지 않는다는 명목으로 강력한 쇄국정책을 펼쳤다.

과거에는 변화의 속도가 느렸기 때문에 도태되지 않을 수 있었다. 하지만 지금은 흥선 대원군과 같은 '닫힌 마인드'로는 성공할 수 없다. 조선 시대처럼 인위적으로 막을 수 있을 만큼 변화의 흐름이 작지도 않을 뿐더러 교통·통신의 눈부신 발달로 변화하지 않으면 밀려날 수밖에 없다.

아무리 회피하려고 해도 변화를 거스를 순 없다. 따라서 변화에 끌려가기보다는 변화를 주도해야 어떤 자리에서든 우위를 점할 수 있다.

MY PROJECT

성공하고자 한다면 변화를 자연스럽게 받아들이고 주도하라.

 변화를 외면한 코닥의 실수

120여 년의 전통을 자랑하는 코닥은 사진 관련 용품을 제조하고 판매하는 세계적인 필름 회사이다. 코닥은 설립 초기부터 사진이 사라지지 않는 한 자사는 영원히 호황을 누릴 것이라 낙관했다.

예상대로 사진은 오랫동안 사람들의 사랑을 받았으며, 시간이 지날수록 자기표현에 적극적인 사람들은 더욱 사진을 애용하게 되었다. 그러나 코닥은 중요한 사실을 간과하고 있었다. 사람들의 기호의 변화에만 주목한 나머지 기술의 변화에는 신경 쓰지 않은 것이다.

디지털 카메라가 등장하면서 사람들은 필름을 사용하는 기존의 카메라를 외면하게 되었다. 이는 필름을 제조·판매하는 코닥에게 큰 타격을 주었고, 순식간에 타업체들에게 선점당하고 마는 불행한 사태를 초래했다.

그런데 더욱 놀라운 사실은, 코닥은 이미 오래전에 디지털 사진이 사람들의 주목을 받게 되리라는 것을 감지했고, 이에 대비하기 위해 막대한 비용을 투자하여 사업을 펼쳤다는 것이다. 하지만 코닥은 이 새로운 사업이 자사의 주력 상품인 필름시장을 압박한다는 이유로 적극적으로 변화를 시도하지 않았던 것이다.

SUCCESS_03

현대인들은
이미지를 소비한다

••• 10년 넘게 남자에 대한 이미지 연구를 하면서 항상 안타깝게 느낀 점이 있다. 그것은 다른 나라에 비해 우리나라 남자들 대다수가 자신을 이미지화하는 데 관심이 없거나 꺼려한다는 것이다. 실제 국제 포럼이나 세미나에 참석해 보면 우리나라 대표들은 외국 대표들에 비해 자기표현이 미숙하고 멋을 부리는 것을 쑥스럽게 생각하는 경우가 많다. 이는 어렸을 때부터 자신을 절제하는 것을 미덕이라고 교육받았기 때문이다.

그램 록(Gram Rock)의 최고 스타 데이비드 보위(David Bowie)를 모델로 만든 영화 〈벨벳 골드마인〉에서 주인공 브라이언 슬레이드는 "사람의 인생은 이미지로 결정된다"라고 말했다. 그래서 주인공은 남자임에도 불구하고 자신만의 독특한 이미지를 위해 화장을 하고 이를 이용해 적극적으로 자신을 PR하였다. 그 결과 그는 대중의 이목을 사로잡았으며 더불어 그의 음악도 사랑받게 되었다. 그의 말대로 이미지가 그의 인생을 180도 바꾸어 버렸다.

실제 이미지에 의해 성공과 실패가 판가름 나는 현상을 주위에서 종종 목격할 수 있다. 특히 대중의 인기를 먹고 사는 연예인들을 보면 이는 더욱 확실해진다. 과거에는 감히 배우의 꿈을 꿀 수 없었던 외모를 가진 연예인들이 자신만의 독특한 이미지를 부각시켜 많은 인기를 누리는 경우를 쉽게 발견할 수 있다.

이처럼 이미지가 점점 중요해지고 있다. 그로 인해 사람들은 상품을, 혹은 자신을 알리기 위해 더욱 적극적으로 이미지를 사용하고 있다. 심지어 사람들이 선호하는 이미지를 만들기 위해 성형수술도 마다하지 않는다. 사람들의 감성을 자극하는 데 이미지만큼 효과적인 것은 없기 때문이다.

특히 대중매체에서 쏟아져 나오는 수많은 이미지들은 사람들의 의식뿐만 아니라 사회 변화를 주도하고 있다. 수많은 이미지에 노출된 대중은 '눈에 보이는 것'의 중요성을 절감하게 되었고, 일반인들도 이미지를 자신의 가치를 높이는 도구로 적극 활용하게 되었다.

과거에 사람들은 가격이 저렴하고 오래 신을 수 있는 튼튼한 운동화를 선호했다. 그래서 브랜드를 따지지 않고 운동화를 사 신었다. 그러나 이미지를 중시하는 현대인들은 브랜드를 따진다. 그리고 머리에서 발끝까지 자신이 선호하는 브랜드로 코디하여 자신을 이미지화한다. 과거에는 운동화를 샀지만 현대에는 이미지를 산다.

이처럼 현대인들은 이미지를 소비한다. 그래서 시대의 변화에 민감한 기업들은 어마어마한 출연료를 지불하고 최고의 스타를 CF에 출연시킨다. 스타의 이미지를 사서 그것을 다시 소비자들에게 되파는 것이다. 실제 어떤 모델이 출연하느냐가 매출 실적뿐만 아니라 기업의 이미지에도 많은 영향을 미친다.

　스타들 역시 드라마나 영화에 출연할 때 전략적으로 튀는 디자인의 옷이나 액세서리, 또는 메이크업, 헤어스타일을 선보여 자신의 이미지를 적극적으로 홍보한다.

　정치도 예외는 아니다. 리더십, 정치적 소신 등도 중요하지만 정치 생명에 영향을 줄 만큼 '보여지는' 이미지의 중요성은 점점 부각되고 있다. 개혁정당임을 부각시키기 위해 검은 양복이 아니라 밝은 오렌지색 옷을 캐주얼하게 입고 TV에 모습을 보이는 정치인들을 심심치 않게 목격할 수 있다.

　또한 국가도 이미지 전략을 적극 활용하고 있다. 인터넷의 보급으로 소비자의 범위가 국가에 소속된 국민에 그치지 않고 불특정 다수의 네티즌으로 확대되었기 때문이다. 과거에는 직접 방문을 해야 그 나라에서 생산되는 제품을 구입할 수 있었지만, 지금은 클릭만 하면 여러 나라의 제품을 쉽게 살 수 있게 되어 좋은 국가 이미지가 곧 경쟁력으로 이어지고 있다.

　이제 성공하려면 이미지형 인간이 되어야 한다. '진흙 속의 진주'는 아무 가치가 없다. 자신을 부각시키는 일에 주저하지 않고 적극적인 이미지화 작업을 통해 자신의 가치를 높여야 목적을 달성할 수 있다.

　우리에게 잘 알려져 있는 패션 디자이너 앙드레 김은 항상 흰색 옷을 고수함으로써 개인을 브랜드화했고, 마이크로소프트 사의 회장 빌 게이츠는 튀는 원색 와이셔츠로 도전적이고 열정적인 기업의 이미지를 부각시키고 있다.

　하지만 주의해야 할 점이 있다. 지나친 이미지 추구로 '보이는 것'에만 치중한 나머지 외모지상주의자나 '폼생폼사형'이 되어서는 안

된다. 외향적인 면만을 고려한 이미지 추구는 오히려 자신의 '긍정적인 반'을 버리는 것이다. 진정한 이미지란 보이지 않는 것, 즉 자기 내면이 투영되어 나타나는 상을 말한다. 따라서 이미지로 표현하기 전에 자기 자신을 먼저 바라봐야 한다.

껍데기가 그럴싸한 콩깍지를 깠는데 알맹이가 없다고 생각해 보라. 속았다는 불쾌감과 함께 컸던 기대치만큼 실망감도 클 것이다. 그러므로 '보이지 않는 나'를 성숙하게 만들고 이를 눈에 보이도록 하여 외적인 모습을 더욱 풍부하게 해야 한다. 그래야 진정한 '나'를 오롯이 이미지화할 수 있다.

자신을 이미지화하는 데 있어 현대인들은 과거에 비해 월등한 기술과 과감성을 갖추고 있다. 하지만 대부분이 반쪽짜리 이미지에 불과하다. '보이지 않는 나'를 성숙하게 만들고 이것을 '보이는 나'로 고스란히 드러내야 자신뿐만 아니라 보는 이들도 만족시킬 수 있는 이미지를 가질 수 있다.

MY PROJECT

경쟁력을 높이려면 '보이지 않는 나'와 '보이는 나'를 동시에 이미지화하라.

 성공을 부르는 이미지

1970년 미국 댈러스 노인협회에서 흥미로운 연구를 실시했다. 평균 연령이 83세인 노인 21만 명을 대상으로 정기적으로 얼굴 마사지를 한 뒤 이미지의 변화가 어떤 효과를 가져오는지에 대하여 알아보는 것이었다.

이 실험은 6개월 동안 계속되었고, 특히 여성 노인 50여 명은 마사지뿐만 아니라 화장에 대한 모든 서비스까지 받았다. 그 결과 다른 노인들에 비해 이 여성 노인들은 더 많은 자신감과 삶을 긍정적으로 바라보는 자세를 갖게 되었다.

이처럼 좋은 이미지는 긍정적인 자신감을 가져와 어떤 일을 하는 데 있어 자기의 능력을 향상시키는 역할을 하고, 성공을 부르는 요소가 된다.

SUCCESS_04

자신의 꼬라지를
그대로 인정하라

••• "얘. 넌 왜 나서고 그러니?"

"너라뇨? 전 옥동자예요."

옥동자는 한창 인기를 끈 개그 프로그램에 나왔던 캐릭터다. 그는 누가 봐도 못생기고 똑똑하지 않다. 뭐 하나 내세울 게 없다. 하지만 자신을 부끄럽게 생각하지도 숨기려 하지도 않는다. 자신을 그대로 인정한다.

나를 '나'인 채로 보고, 있는 그대로의 모습을 외면하지 않는 것, 즉 자신의 꼬라지를 그대로 인정한다는 것은 사람의 마음속에 자신의 치부를 숨기고 싶은 본능이 있기 때문에 만만치 않은 작업이다.

카멜레온이 위험으로부터 자신을 보호하기 위해 변색하는 것처럼 사람들은 부끄럽고 나약한 모습을 숨기기 위해 단점을 가리고 다른 사람이 눈치챌까 봐 가슴을 졸인다. 심지어 자신조차 외면을 한다.

하지만 '못난' 부분조차 자신의 일부이다. 따라서 들킬까 봐 혹은 지적당할까 봐 두려워하기보다는 있는 모습을 그대로 인정하고 이것을 변화시켜야 한다. 이러한 작업이 이루어지지 않으면 평생 열등감과 패배의식 속에서 살 수밖에 없다.

따라서 성공적인 변화를 꿈꾼다면 '현재의 부족한 나'를 인정하고 이를 변화시켜 '되고 싶은 나'로 만들어야 한다. 하지만 대부분의 사람들이 '되고 싶은 나'로 변하고 싶은 열망은 많지만 구체적인 방법을 모른다. 어디서 어떻게 시작해야 할지 모른다. 그래서 체계적으로 나를 프로젝트할 수 있는 프로그램, PIP가 필요하다.

PIP란 Personal Identity Program의 약어로, '현재의 나'와 '되고 싶은 나' 사이의 갭(gap)을 좁혀 주는 한 개인의 총체적이고 체계적인 변화 프로그램을 말한다.

여기서 PI(Personal Identity)는 세 가지 요소로 구성된다. 객관적으로 '현재의 나'를 관찰하고 분석하여 '되고 싶은 나'로의 변화를 꾀하는 '자기 바라보기(MI: Mind Identity)'와 자신만의 고유한 생활습관과 행동들을 파악하여 원만한 대인관계를 꾀하는 '자기 행동하기(BI: Behavior Identity)', 자기 바라보기와 자기 행동하기를 통해 분석한 자료를 바탕으로 '보이지 않는 나'를 '보이는 나'로 이미지화하는 '자기 표현하기(VI: Visual Identity)'가 그것이다.

이 세 가지 요소가 어느 한쪽으로 치우치지 않고 조화롭게 변화하면 '현재의 나'와 '되고 싶은 나'의 간격을 효과적으로 좁힐 수 있다.

그런데 PI의 세 가지 요소는 모두 공통적으로 '나의 꼬라지'를 그대로 인정하는 것에서부터 시작된다. 즉, 나를 변화시키려면 자신의 생긴대로의 모습을 그대로 인정하는 작업이 선행돼야 한다. 모든 문제점과 해결점은 모두 '나'에게 있기 때문이다.

MY PROJECT

자신을 오롯이 변화시키고 싶다면 먼저 자신의 현재 모습을 그대로 인정하라.

 PIP 실천전략

- 스스로 자신에 대한 설문조사를 실시한다.
- 친구, 가족 등 지인에 대한 인터뷰와 설문 등을 통해 주관적인 자료를 수집한다.
- 관찰, 비디오 촬영, 스타일 검토, 컬러 분석, 체형 분석 등을 통해 객관적인 자료를 모은다.
- 주관적인 자료와 객관적인 자료를 바탕으로 분석을 한다.
- 분석한 결과를 가지고 실행에 옮긴다.

SUCCESS_05

튀려면 제대로 튀어라

■■■ 정류장에 한 대의 버스가 선다. 누군가가 내리려는지 버스 뒷문이 열린다. 하지만 사람은 내리지 않는다. 그런데도 버스는 떠나지 않고 뒷문을 연 채 그대로 서 있다. 짐작하건대 내릴 사람이 있는 것이 분명하다. 잠시 후 한 여자가 버스에서 내린다. 덩달아 여러 명의 사람이 한꺼번에 쏟아져 나온다. 사람들은 그녀를 따라 내린 듯하다. 여자는 자신의 가방 끈을 붙잡고 늘어지는 그들을 향해 짜증난 표정을 짓는다. 벗어나려는 그녀와 놓치지 않으려는 그들 사이에 작은 실랑이가 벌어진다. 도대체 그녀와 그들 사이에 무슨 일이 벌어진 것일까? 혹시 여자가 무슨 잘못이라도 저지른 것일까? 그런데 사람들의 입에서 엉뚱한 말이 튀어나온다. "이 가방 어디서 샀어요?"

알고 보니 여자는 자신이 메고 있는 독특한 가방 때문에 버스에서 내리지 못했던 것이다. 이처럼 현대인들은 개성 있고 특별한 것을 좋아한다.

과거에는 개성보다는 전체의 이익과 목표를 우선하였기 때문에 공장에서 제조되는 공산품처럼 개인에게서 획일적인 모습밖에 발견할 수 없었다. 또한 튀는 면을 지니고 있어도 드러내지 않는 것이 미덕이었다. 하지만 디지털화로 방대한 정보를 접하게 된 현대인들은 다양한 가치관을 갖게 되었고, '튀는 것'을 주저하지 않게 되었다. 무엇보다 여러 경험을 통해 튀어야지만 도태되지 않고 성공할 수 있다는 사실을 인식하게 되었다.

하지만 아이러니하게도 그 중요성은 잘 알면서도 대부분의 사람들이 '제대로 튀는 법'을 모른다.

한 여자가 있다. 그녀는 누구보다 적극적으로 유행을 쫓고 이를 실천하는 데 과감하다. 그녀는 유행을 따르는 것이 곧 튀는 것이라고 생각한다. 그래서 자신에게 어울리지 않아도 유행이라고 하면 무조건 따라한다. 그녀는 정말 튀는 사람일까?

그녀는 제대로 튀는 것이 아니라 오히려 튈 수 있는 요소를 죽이고 있다. 가장 기본이자 핵심인 자신을 염두에 두지 않는 두드러짐은 오히려 '튈 수 있는 요소'를 죽이기 때문이다. 그런데 대부분의 현대인들이 그녀처럼 자신을 염두에 두지 않은 채 앞서 가는 사람들을 발빠르게 모방하거나, 스스로 만족하지 못하더라도 무조건 남다른 것을 '튀는 것'으로 생각한다.

왜 이러한 현상이 벌어지는 것일까? 가치관이 범람하는 세상 속에서 자신의 고유한 아이덴티티를 상실한 '나'가 혼란을 겪고 있기 때문이다.

개인의 가치관이 단조로웠던 과거와 달리 수많은 가치관이 범람하는 현대를 사는 사람들은 자칫 한눈을 팔면 자신을 잃어버리기 십상이다. 쇼핑을 할 때 많은 것을 접할수록 선택이 어렵고, 내게 어울리는 것이 과연 무엇인지 판단하기가 힘들듯 현대인들은 과연 진짜 '나'가 누구인지 가려내기가 쉽지 않다.

그래서 가치관이 범람할수록 '나를 바라보고, 나를 변화시켜, 나를 표현할 줄 아는 나'로 만들어 주는 PIP(Personal Identity Program)가 필요한 것이다.

PIP는 모든 것에 가장 근본이자 핵심인 '나'를 진지하게 관찰하고 분석할 수 있도록 해주어 외부 변화에 휩쓸리지 않고 자신만의 고유한 아이덴티티를 형성할 수 있도록 만들어 준다. 진짜 '나'를 찾게 해줄 뿐만 아니라 스스로 만족할 수 있는 '제대로 튀는 법'을 가르쳐 준다.

제대로 튀기 위해서는 '나사못'을 박을 때처럼 서두르지 않아야 한다. 더디더라도 PI를 통해 자신을 분석한 후 '튀는 전략'을 세워야 한다. '나사못'이 '일반 못'보다 박을 때는 힘들지만 쉽게 빠지지 않는 것처럼 PI에 시간과 노력을 얼마나 들이느냐에 따라 제대로 튈 수 있다. '나'를 알지 못한 채 튀려고 하는 것은 자신에게 어울리지 않는 유행을 무조건 따르는 것과 같다.

MY PROJECT

제대로 튀고 싶다면 항상 나를 염두에 두라.

TIP 네모 스타, 박경림!

고등학교 재학 시절 모 라디오 프로그램을 통해 방송계에 처음 발을 들여놓은 연예인 박경림은 누가 봐도 예쁘다고 할 수 없는 외모를 가지고 있다. 네모난 얼굴, 허스키한 목소리, 작은 키 등 연예인으로 성공하기에는 단점이 너무 많다. 하지만 그녀는 현재 다양한 팬 층을 확보하여 인기를 누리고 있다.

불리한 조건을 가지고 있음에도 그녀가 수많은 연예인 중에서 돋보일 수 있었던 것은 자신을 진지하게 분석하고 변화시켜 효과적으로 표현했기 때문이다. 콤플렉스인 네모난 얼굴을 숨기려 하기보다는 PR할 수 있는 도구로 적극 활용하고, 음치에 가까운 노래실력임에도 당당하게 음반까지 냈다.

이처럼 박경림은 자신의 단점을 부끄러워하거나 성형수술 등으로 고치지 않고 자신있게 '그대로의 나'를 내세움으로써 스타가 될 수 있었다.

SUCCESS_06

세상에는
황새가 되고 싶은 뱁새가 많다

•••• "엄마, 저는 왜 저 황새들처럼 다리가 길지 않나요?"

새끼 뱁새가 엄마 뱁새에게 물었다.

"황새는 태어날 때부터 다리가 길고 우리는 짧기 때문이란다."

"그렇다면 아무리 노력해도 황새처럼 다리가 길어질 수는 없는 건가요?"

"그렇단다."

"그렇다면 황새가 되고 싶은 제 꿈은 헛된 바람인가요?"

세상 사람들을 뱁새와 황새에 비유한다면 크게 세 가지 부류로 나눌 수 있다. 타고난 황새, 타고난 뱁새, 그리고 황새를 꿈꾸는 뱁새이다. 이들 중에 자신의 삶이 가장 불만스러운 사람은 어떤 부류일까? 바로 위의 새끼 뱁새처럼 '뱁새로 태어나 황새를 꿈꾸는 사람들'이다.

타고난 황새는 부족할 것이 없으므로 자신의 삶이 불만스럽지 않고,

타고난 뱁새는 '죽었다 깨어나도' 황새가 될 수 없음을 인정하므로 주어진 삶에 순응하며 살아간다. 하지만 황새를 꿈꾸는 뱁새는 '왜 나는 뱁새인가, 뱁새로 태어났다고 해서 그냥 뱁새로 살아야 하는가, 혹시 나는 황새가 아닐까' 라는 문제를 두고 끊임없이 고민하고 갈등한다.

PIP는 바로 뱁새로 태어나 황새를 꿈꾸는 사람들을 위한 것이다. 부족한 '현재의 나'를 분석하고 변화를 주어 '되고 싶은 나'로 만들고자 하는 욕구를 충족시키는 것이 PIP의 목적이다.

사람은 완벽하지 않으면서 이상을 꿈꾸는 존재이다. 그래서 PIP가 필요한 대상은 폭이 넓다. 정치인, 기업가, 연예인, 직장인, 가정주부, 대학생, 심지어 초등학생까지 자신의 이미지 관리가 필요한 모든 사람들에게 적용된다. 즉, PIP의 적용 대상은 남녀노소를 막론하고 자신에 대해 신뢰와 만족이 필요한 사람, 자신의 이미지 구축이 필요한 사람들 모두 해당된다.

그렇다면 왜 PIP를 통해 뱁새의 꿈을 실현시켜야 하는가? 세상은 타고난 황새, 타고난 뱁새가 아니라 황새를 꿈꾸는 뱁새에 의해 발전해 왔기 때문이다.

PIP를 통해 나의 외모, 주변 환경, 능력 등을 분석한 결과 자신이 분명한 뱁새이더라도 실망하거나 좌절하지 말라. 황새를 꿈꾸는 뱁새가 타고난 황새보다 변화의 가능성이 많다는 것을 잊지 말라. 자신의 처지를 한탄하는 시간에 PIP를 통해 황새가 되고자 하는 꿈을 좇아라. PIP를 충실히 하면 황새가 되고자 하는 꿈은 실현 가능한 꿈이 된다.

MY PROJECT

세상은 황새를 꿈꾸는 뱁새에 의해 변하고 있음을 잊지 말라.

TIP 황새가 되기 위한 준비작업

- 조언할 후배와 선배를 만들어라.
- 시간을 갖고 늘 자신을 관찰하라.
- 내가 왜 사는지, 누구인지에 대해 깊이 고민하라.
- 자신의 주장을 과감히 밝히는 연습을 하라.
- 자신의 전문 분야를 위해 독서를 하라.
- 결단한 것에 대해 실행에 옮기는 연습을 하라.
- 구체적인 삶의 스케줄을 세워라.
- 자신의 나쁜 습관을 어떻게 바꿀 것인지 고민하라.
- 자기계발을 위해 노력하라.

SUCCESS_07

타고난 신데렐라는 없다

••• 신데렐라 이야기는 여자들의 감성을 자극하기에 충분하다. 여자들의 마음속에 잠재되어 있는 백마 탄 멋진 왕자를 만나 신분상승을 하고 싶은 욕망을 담고 있기 때문이다.

사람들은 신데렐라가 극적으로 신분상승을 할 수 있었던 것이 그녀의 착한 심성 때문이라고 생각한다. 하지만 신데렐라는 요정의 마법, 즉 철저한 PIP를 통해 한 나라의 왕비가 될 수 있었고 가난에서 벗어날 수 있었다. 신데렐라가 아무리 심성이 곱고 본래 모습이 아름다워도 요정의 도움이 없었다면 왕자님을 만나지도 사랑을 이루지도 못했을 것이다. 신데렐라는 혼자 힘으로 파티에 참석할 수 있는 여건이 되지 못했기 때문이다.

계모가 시킨 일 때문에 파티에 참석할 시간적 여유도 없었을 뿐만 아니라 설사 시간이 있었다 해도 누더기옷을 입고 파티에 참석할 수는 없었다. 그런데 요정이 나타나 요술지팡이를 흔들어 신데렐라를 아름다운 모습으로 치장해 주고 멋진 마차를 선물하였다. 요정은 신데렐라를 '되고 싶은 나'로 만들어 주는 PIP 역할을 했고, 왕자는 PIP를 통해 변신한 신데렐라의 모습에 반한 것이다.

생각해 보라. 신데렐라가 아무리 내면이 완벽한 사람이더라도 누더기 차림으로 파티에 참석했다면 왕자의 주목을 받았겠는가.

그렇다면, PIP를 하면 구체적으로 어떤 이점이 생기는 것일까?

PIP를 하면 크게 세 가지 이점이 생긴다. 첫째는 '현재의 나'와 '되고 싶은 나'와의 갈등과 거리를 해결해 주어 심리적으로 만족감을 갖게 해준다.

두 번째는 원활한 커뮤니케이션을 통해 '현재의 나'와 '사회적으로 보여져야 되는 나' 사이에 발생하는 문제점을 해결하도록 해주어 모든 관계를 원만하게 만들어 준다. 대화 습관, 표정, 목소리 등 자신의 생활습관, 행동 등의 단점을 보완하도록 해주어 '사회적으로 보여져야 되는 나'에게 마이너스가 되는 요인을 제거해 준다.

세 번째는 '나'를 이미지화시켜 효과적으로 PR할 수 있도록 만들어 준다. 체형 분석, 컬러 분석, 스타일 분석 등 현재 이미지를 분석하고 부족한 점을 보완하도록 해주어 자신의 이미지를 브랜드화할 수 있도록 해준다.

이처럼 '나' 하나가 달라짐으로 인해 얻는 이점은 많다. 하지만 이것도 일부에 지나지 않는다. 내 안에는 자산화할 수 있는 요소들이 수없이 많기 때문이다.

MY PROJECT

PIP를 통해 내 안의 자산을 챙겨라.

 오드리 햅번과 엘리자베스 테일러의 자산관리

엘리자베스 테일러와 오드리 햅번은 동시대를 풍미했던 여배우들이다. 특히 엘리자베스 테일러는 세계 최고의 미인이라는 말을 들을 만큼 완벽한 얼굴을 가지고 있었고, 오스카상도 두 번 수상할 만큼 연기력도 뛰어났다. 오드리 햅번 역시 청초한 외모로 사람들의 인기를 한몸에 받았다. 둘의 젊었을 때 모습은 사람들의 감탄을 자아낼 만큼 아름다웠다.

하지만 나이가 들수록 이들의 모습은 현저한 차이를 보이기 시작했다. 알코올 중독, 여덟 번의 결혼 등 삶이 가십거리 투성이인 엘리자베스 테일러는 추하게 늙어 현재 1960년대에 구축했던 좋은 이미지는 온데간데없다. 반면 1989년 영화계를 은퇴한 후 유니세프 친선대사로 아프리카에서 일생을 보낸 오드리 햅번은 고결하게 늙어 갔다.

이처럼 엘리자베스 테일러와 오드리 햅번의 현재 모습이 극단적으로 달라진 것은, 엘리자베스 테일러는 자기 안의 자산을 제대로 관리하지 못했고 오드리 햅번은 철저하게 관리했기 때문이다. 오드리 햅번은 '나'를 성찰하는 시간을 통해 인내와 절제, 배려심을 갖게 되었고, 자기를 책임지고 관리하는 삶을 살았던 반면 엘리자베스 테일러는 그렇지 못했다.

SUCCESS_08

세상을 변화시키는 힘, PI

▪▪▪ PI는 개인의 PI(Personal Identity), 대통령의 PI(President Identity), 가족의 FI(Family Identity), 가정의 HI(Home Identity), 기업의 CI(Corporate Identity), 사회의 SI(Social Identity), 국가의 NI(National Identity) 등으로 확대될 수 있다.

PI가 확립된 CEO와 그렇지 못한 CEO가 있다. '나'가 바로 서 있는 CEO의 가치관과 철학은 기업의 경영이념, 경영철학으로 이어져 비전을 제시하고, 심벌 마크, 로고, 캐릭터, 유니폼, 기업에서 사용하는 각종 서식류까지 기업 전반에 걸쳐 긍정적인 이미지 변화를 불러온다. 이러한 변화들은 기업의 브랜드 가치를 상승시켜 결국 기업에 많은 경제적 이득을 가져오게 된다.

반면 '나'가 서 있지 않은 CEO는 가치관과 철학이 정립되지 않은 상태이기 때문에 경영이념, 경영철학으로 연결되지 않고 밝은 비전을 제시하지 못하게 되어 결국 기업의 이윤을 떨어뜨리게 된다.

이처럼 PI는 해당 개인에게만 국한되는 것이 아니라 소속 단체에까지 긍정적인 효과를 일으킨다.

국가의 PI도 마찬가지다.

1990년대 영국의 이미지는 '대영제국의 유산에 집착하는 나라' 라는 인식이 강했다. 그로 인해 영국에서 생산되는 제품에 대하여 기술력이 부족하고 디자인도 시대에 뒤떨어진다는 평가를 했다. 기술적인 면이 떨어진 점도 있지만 보수적인 나라라는 이미지가 경제활동에 큰 장애가 된 것이다.

1997년 당선된 블레어 총리는 '멋진 영국' 이라는 국가 이미지 전략을 세우고 이를 적극적으로 추진했다. 영국 관광청도 이에 발맞춰 홍보 슬로건을 '전통이 살아 숨쉬는 영국' 이 아니라 '멋진 영국' 으로 바꾸고 대대적인 홍보 전략을 펼쳤다.

국가의 '대문' 이라고 할 수 있는 공항과 역에 현대적 감각이 살아 숨쉬는 건축물과 조형물을 세우고, 영국을 소개하는 홈페이지를 참신하게 바꿨으며, 각 나라에 주재하고 있는 대사관이나 문화원의 외관을 개보수하였다. 특히 과거에 집착하는 나라라는 이미지를 없애기 위해 그리니치에 밀레니엄 돔과 미래 박물관을 설치하는 등 국가 이미지 개선에 강력하게 나섰다. 하지만 '멋진 영국' 프로젝트는 큰 성과를 거두지 못했다. 실질적인 내용이 적고 재정적 지원도 미약했기 때문이다.

그래서 영국은 다시 1997년 디자인 진흥원의 마크 레나드가 발표한 보고서 〈영국 정체성 개선〉을 바탕으로 'Panel 2000' 이라는 새로운 이미지 전략을 세운다. 'Panel 2000' 에는 단순한 전략 세우기에만 그치는 것이 아니라 국가의 이미지를 개선할 수 있는 실질적인 내용을 담고, 이를 추진할 수 있는 조직을 만들었으며, 외무부에 우수한 인재를

채용하여 국가 차원에서 아낌없는 재정적 지원을 하였다. 이로 인해 영국은 '정체된 나라' 라는 이미지에서 '다시 새롭게 태어나는 나라' 라는 이미지를 심는 데 어느 정도 성공했다.

이처럼 국가도 경쟁력을 갖추기 위해서는 PI가 필요하다. 국가 이미지가 부정적일 경우에는 그 나라에서 생산하는 제품 브랜드 확산에 장애가 되고, 이미지가 긍정적일 경우에는 시너지 효과를 발휘하기 때문이다.

지금까지 우리나라는 긍정적인 이미지보다 부정적인 이미지가 강했다. 휴전 상태로 언제 전쟁이 발발하지 모르는 나라, 노사분규가 잦아 사업 하기 힘든 나라, 부실공사가 많은 나라 등등 부정적인 이미지가 산업 발전에 큰 장애가 되었다. 그러나 올림픽, 월드컵 등 각종 국제행사를 개최함으로써 발전과 비전을 제시하여 국가 이미지 제고에 성공하였다. 특히 지난 월드컵 때 세계인들의 이목을 집중시켰던 붉은악마는 '정열적인 나라', '희망이 넘치는 나라' 라는 이미지를 심어 주는 데 큰 역할을 했다.

미국의 자유의 여신상, 프랑스의 에펠탑, 중국의 만리장성처럼 작은 것 하나가 조직 전체의 이미지를 좌우한다. 따라서 가정, 기업, 사회 등은 조직을 이루는 구성요소 하나하나에 주목하지 않으면 안되며, 경쟁력을 갖추기 위해서는 적극적으로 PI를 해야만 한다.

CEO의 PI(President Identity)가 기업의 경쟁력을 가져오고, 기업의 CI(Corporate Identity)가 사회의 경쟁력을 가져오며, 사회의 SI(Social Identity)가 국가의 경쟁력을 가져옴을 잊지 말자.

MY PROJECT

어느 분야에서든 경쟁력을 갖추려면 PI에 주목하라.

 섹시해지는 독일

무뚝뚝하고 규칙을 엄수하기로 유명한 독일이 세계적인 슈퍼모델 클라우디아 쉬퍼, 테니스 선수 보리스 베커 등 여러 스타들과 손잡고 국가 이미지 개선을 위해 대대적인 캠페인을 추진 중이다.

독일은 매년 베를린에서 레이브 뮤직 페스티벌, 러브 퍼레이드 등이 열리는 재미있고 자유분방한 나라임에도 불구하고 뿌리 깊게 박혀 있는 고정관념 때문에 여러 가지 오해를 사고 있다. 독일의 이러한 왜곡된 이미지는 산업, 관광, 수출 등 다양한 분야에 부정적인 영향을 미쳐 국가 발전을 저해하는 요소로 작용하고 있다.

이에 독일은 캠페인을 통해 열정적이고 재미있는 이미지를 보여주어 독일 붐을 조성하는 데 주력하고 있다.

삶의 목표

내 삶의 가치관은

내 삶의 구체적 목표는

내 삶의 목표를 위한 구체적 실천사항은

목표를 달성하는 데 가장 장애가 되는 것은

삶의 목표	
	1년
	2년
	5년
	10년

MI	자기 정보
	MIND identity
자신의 선호도	
1. 나의 장점과 단점은	
2. 내가 가장 재미있어 하는 일은	
3. 내가 가장 좋아하는 일은	
4. 내가 가장 잘하는 일은	
5. 내가 가장 하고 싶은 일은	
6. 내가 가장 싫어하는 일은	
7. 나에게 가장 자랑스러운 과거사는	
8. 나에게 가장 부끄러운 과거사는	

9. 내가 성공을 할 것이라 믿는다면 그 이유는	
10. 자신을 가장 행복하게 해주는 3가지는	
11. 나의 장례식장에서 다른 사람들에게 어떤 사람으로 기억되고 싶은가	
12. 오늘이 내 생의 마지막 만찬이라고 한다면 초청하고 싶은 세 사람은	
13. 삶에서 가장 후회하는 3가지	
14. 삶에서 가장 감사하는 3가지	
15. 자신을 후원해준 사람은	
16. 나의 삶에 가장 방해가 되는 요소는	

PART 2

PI가 변하면 성공이 보인다

SUCCESS_09

남이 보는 나와
내가 보는 나는 다르다

••• '남이 보는 나' 와 '내가 보는 나' 는 얼마나 다를까?

아무리 다른 사람의 눈을 의식하지 않는 사람이라도 상대방에게 호감을 주고 싶은 본능은 있기 때문에 한번쯤은 이런 의문을 갖게 된다.

대부분의 사람들은 경험을 통해 막연하게 '내가 보는 나' 와 '남이 보는 나' 가 다르다는 사실을 느낀다. 그러나 그것을 심각하게 생각하지 않고, '사람의 눈은 주관적이니 당연히 다르게 보일 수밖에 없지' 라며 당연하게 여긴다. 하지만 사람과 사람 사이 또는 집단과 집단 사이에서 착각지수는 우리가 생각하는 것 이상으로 현저한 차이를 보인다. 또한 이러한 큰 편차는 사람과 사람 사이, 집단과 집단 사이에서 문제와 갈등을 발생시킨다. 여기서 착각지수란 최대치를 100, 최소치를 0으로 책정한 다음 자신이 자신을 평가한 것과 다른 사람이 자신을 평가한 것의 차를 말한다.

2003년에 필자가 컨설팅한 K그룹의 CEO는 착각지수가 큰 경우 중 하나였다. 그는 우리나라 최고의 대학원을 나오고 MBA 과정을 마친 수재였다. 게다가 수려한 외모까지 갖추고 있어 그를 처음 봤을 때 직원들에게 인정을 받는 CEO일 거라는 느낌을 받았다. 그러나 착각지수 설문조사 결과 필자의 예상은 여지없이 깨지고 말았다.

K그룹의 CEO는 스스로를 '경영능력과 리더십이 뛰어난 CEO'라고 생각했다. 그래서 자신을 '90% CEO답다'라고 확신했다. 필자 역시 그의 프로필과 외적인 모습을 봤을 때 같은 생각을 했다. 하지만 직원들의 설문조사 결과 '50%밖에 CEO답지 않다'는 평가가 나왔다.

CEO와 직원들 사이의 착각지수가 무려 40%(자신의 평가지수 90% - 직원들의 평가지수 50%)에 이르렀다. 필자는 왜 이런 결과가 나왔는지 면밀한 검토를 실시했다. 검토 결과 그는 업무수행 능력은 뛰어났으나 논리적이지 못한 언어구사와 배려심 부족으로 직원들로부터 CEO로서의 자격이 충분치 않다는 평가를 받았다.

'나'와 다른 사람과 커뮤니케이션이 얼마나 잘 이루어지느냐에 따라 착각지수는 달라진다. K그룹의 CEO는 직원들과의 커뮤니케이션 부족으로 직원들로부터 인정을 받지 못하고 있었다. 이에 필자는 K그룹의 CEO에게 말을 논리적으로 할 수 있는 훈련과 인간적인 매력을 부각시킬 수 있는 PI를 중점적으로 실시했다.

지금 자신의 착각지수가 얼마라고 생각하는가? 5% 미만이라면 PIP를 할 필요가 없다. 이런 사람은 활발한 커뮤니케이션을 통해 자신을 정확하게 인식하고 있으며, 그것을 표현하는 뛰어난 감각을 소유하고 있기 때문이다.

PIP는 착각지수를 5% 미만으로 낮추는 작업이다. 그러므로 PIP를 하기에 앞서 착각지수를 반드시 파악해야 한다. 착각지수는 나의 실상을 적나라하게 파악할 수 있는 자료이며, PIP를 진행하는 동안 얼마나 '되고 싶은 나'에 근접해 가고 있는지 검증할 수 있는 근거가 된다.

MY PROJECT

활발한 커뮤니케이션을 통해 착각지수를 5% 미만으로 줄여라.

착각지수를 낮출 수 있는 방법

- 내가 생각하는 것과 다른 사람이 생각하는 것이 다를 수 있음을 인정한다.
- 다른 사람의 말에 귀를 기울인다.
- 대화를 많이 한다.
- 갈등이 자주 발생하는 부분을 파악하여 개선한다.
- 지적당하는 것을 무조건 부정적으로 생각하지 않는다.

SUCCESS_10

멘토링(mentoring)을 활용하면 내가 더 잘 보인다

•••아무리 객관적으로 '나'를 바라본다고 해도 자신을 정확하게 파악하기는 힘들다. 자신이 저지른 실수를 자기 자신이 찾아내기는 힘든 일이기 때문에 '나'를 정확하게 분석하기 위해서는 객관적인 눈을 가진 다른 사람의 도움이 필요하다. 특히 '나'를 아끼는 친한 사람의 조언은 가장 유용한 자료이다.

'나'를 진정으로 걱정하고 염려하는 사람은 '나'에 대해 남다른 관심을 가지고 관찰하기 때문에 내가 미처 발견하지 못한 모습까지 알고 있다. 또한 충신일수록 임금에게 '쓴소리'를 잘하듯 '나'를 진정으로 아끼는 사람은 여과없이 나의 본모습에 대해 조언을 해준다.

그래서 PIP 효과를 극대화하려면 '나'와 가장 친한 사람 혹은 가장 많은 시간을 보내는 사람과의 멘토링(mentoring)을 활용하여 객관적인 자료를 수집할 필요가 있다.

필자가 컨설팅했던 K변호사는 자신을 배려심이 많은 사람이라고 생각했다. 스스로 평가했을 때 자신은 사사로운 정에 이끌리는 경향이 많아 결단력이 부족한 사람이라고 여겼다. 그러나 아내, 자녀, 직원들에게 그에 대해 설문조사를 한 결과 그는 인간적인 배려가 부족한 사람으로 평가됐다. 만약 변호사의 자기 생각만을 가지고 PIP를 했다면 어떤 결과가 나왔을까? 주변 사람들이 변호사에게 느끼는 불만스러운 점을 해결하지도 못했을 뿐만 아니라 PIP도 제대로 활용되지 못했을 것이다.

다른 사람의 평가를 두려워하거나 꺼려하지 말라. 최측근의 평가로 인해 설사 당혹스러운 상황이 온다 해도 당신을 가장 잘 아는 사람의 목소리임을 잊지 말라. 자신의 분야에서 성공한 사람들은 자신의 판단을 맹신하는 경향이 많아 다른 사람의 평가를 신뢰하지 않는 경우가 있는데, 이런 사람일수록 착각지수가 높으니 주위 사람들의 목소리에 더욱 귀기울여야 한다.

자료 수집은 PIP를 구체적으로 실시하기 위한 첫 단계이다. 얼마나 '나'에 대한 정확한 자료를 많이 수집하느냐에 따라 PIP의 효과가 확연하게 달라진다.

따라서 가급적 자료 수집 방법을 다양화하고 세분화하라. 그리고 수집한 자료에 대해 긍정적으로 생각하고 적극적으로 받아들여라. 이를 내면에서 진정으로 받아들이지 않는다면 아무리 PIP를 해도 아무 소용이 없다.

MY PROJECT

나를 제대로 변화시키고 싶다면 객관적인 자료 수집에 충실하고, 이를 적극적으로 받아들여라.

멘토링(mentoring)

멘토링은 풍부한 경험과 지식을 가지고 있는 사람 멘토(Mentor)가 아랫사람을 1:1로 전담 지도하여 인재를 육성하는 활동을 말한다. 최근 기업에서 신입사원들의 업무에 대한 신속한 적응력을 이끌어내고 잠재력을 개발시키기 위해 이 제도를 많이 사용하고 있다.
멘토링의 어원인 멘토라는 말은 그리스 신화에서 비롯된다.
그리스 이타카 왕국의 왕인 오디세우스는 트로이 전쟁 때문에 오랫동안 나라를 비우게 되었다. 그는 떠나기 전에 자신의 아들 텔레마코스를 친한 친구에게 부탁하는데, 그의 이름이 바로 멘토였다.
그는 오디세우스가 전쟁에서 돌아올 때까지 텔레마코스를 때로는 친구처럼, 선생님처럼, 아버지처럼 성심껏 돌보아 주었다. 이러한 연유로 멘토라는 말은 한 사람의 삶을 지혜와 신뢰로서 이끌어 주는 사람이라는 의미로 사용하게 되었다.

SUCCESS_11

컵 속의 나를 분석하라

••• 나를 변화시키기 위해서는 스스로 '나'를 분석하는 작업이 선행돼야 한다. 나를 분석하는 일은 간단히 컵을 이용하면 가능하다.

컵 속에 물을 반쯤 채워 넣고 그 속에 '나'를 집어넣어 보자. 집에서든 사무실에서든 현재 자신이 있는 장소라면 어디든 상관없다. 분명 '말도 안돼. 어떻게 작은 컵 속에 나를 넣을 수 있어?'라는 생각이 들 것이다. 컵 속에 '나'를 집어넣으라는 것은 묘기를 부리라는 것이 아니라 마음속으로 자신을 컵 속에 넣으라는 뜻이다.

처음부터 컵 속의 '나'가 보이지는 않는다. 처음에는 내가 보이지 않고 컵만 눈에 들어온다. 꾸준히 연습을 하고 시간이 흘러야 컵 속에서 나를 발견할 수 있다.

컵 속의 나 바라보기는 '나'를 떨게 하는 것, '나'를 긴장시키게 하는 것, '나'를 혼란스럽게 하는 것, '나'를 의기소침하게 하는 것, '나'

를 화나게 하는 것 등의 원인과 해결점을 찾게 해준다.

요즘 부쩍 아무 이유 없이 짜증이 나고 화가 난다고 하자. 분명 이유가 있고, 그것은 한 가지가 아니라 여러 요소들이 뒤범벅되어 있는 경우가 많다. 엉켜 있는 실타래를 풀듯 하나하나 분리하여 원인을 제거해 주지 않으면 그것은 계속 나를 화나게 하고 짜증나게 한다.

'컵 속의 나 바라보기'를 하면 자신을 짜증나게 하는 근본적인 원인을 추적할 수 있다. 또한 그 과정에서 짜증이 난다는 이유로 주변 사람들에게 화내고 빈정대던 자신의 행동을 반성하게 되고, 이후에 의식적으로라도 같은 실수를 반복하지 않기 위해 노력하게 된다.

컵 속에 '나'를 넣는다는 것은 자신의 모습을 또 다른 내가 철저히 객관화해서 바라본다는 뜻이다. 그래서 '나'를 더욱 폭넓게 알게 되고 지금의 나를 변화시킬 수 있는 보다 다양한 방법들을 찾을 수 있다.

물 속에 물만 있는 것이 아니듯, 내 안에는 일상 속의 나와 다른 내가 존재한다. 다른 나는 일상 속의 나와 비슷한 모습을 하고 있지만 자세히 들여다보면 전혀 다른 모습을 하고 있다.

한 남자가 있다. 일상 속의 그는 항상 낙천적이고 긍정적인 사람으로 다른 사람들을 즐겁게 하는 분위기 메이커이다. 그런데 웬일인지 본인 스스로는 행복감을 느끼지 못한다. 이것은 그 안에 정리되지 않은 또 다른 '나'가 있기 때문이다. 이런 사람은 컵 속의 나 바라보기를 통해 정리되어 있지 않은 '나'를 정리해야 비로소 행복해질 수 있다.

사람들은 대개 다른 사람 분석하기를 좋아한다. 그 사람의 외모, 행동, 능력 등 소소한 것 하나까지 분석하려 든다. 그러나 과연 자신조차 분석하지 못하는 내가 다른 사람을 제대로 분석할 수 있을까?

오직 컵 속의 '나'를 들여다보는 연습을 충분히 한 사람만이 다른 사람을 컵 속에 넣을 자격이 있다. 그리고 다른 사람의 분석에 우왕좌왕하지 않을 수 있다.

틈틈이 자신을 컵 속에 넣는 연습을 하라. 자연스럽게 자신을 분리하여 정리하고 싶은 마음이 들 때 시간과 장소에 구애받지 말고 실시하도록 하자.

매일 일기를 써야 자신의 생활에 변화가 오듯 자신을 꾸준히 바라봐야 '나'를 제대로 볼 수 있고 변화시킬 수 있다.

MY PROJECT

나를 제대로 변화시키고 싶다면 '나'를 분리하여 분석하는 연습을 하라.

 TIP '컵 속의 나 바라보기' 효과 높이는 방법

- 투명 유리컵에 물을 반쯤 넣어 책상 끝 모서리에 놓는다.
- 조명을 어둡게 한 다음 컵 속을 바라본다.
- 나를 컵 속에 넣어 본다.
- 나의 모습을 객관적으로 바라본다.
- 가장 문제 되는 점, 고쳐야 할 점, 버려야 할 점 등을 메모한다.
- 나를 바라보면서 30분 정도 마음을 비우는 연습을 한다.

SUCCESS_12

정체성을 찾아라

••• "엄마, 나 오리 맞아?"
"그럼, 넌 오리란다."
"엄마, 엄마. 나 정말 오리 맞아?"
"몇 번을 말해야 알겠니? 넌 오리가 맞다니까."
"그런데 왜 난 물을 무서워하지?"

몇 년 전 한창 유행했던 시리즈 유머 중 하나이다. 이 유머 속에는 북극곰, 오이, 당근 등 수많은 동식물들이 등장해서 누군가에게 '나 맞아?'라는 똑같은 질문을 한다. 그러면 상대방은 그 질문에 긍정적이고 명쾌한 대답을 해준다. 하지만 질문을 한 대상은 그 대답을 듣고도 고개를 갸웃거린다.

인기 있는 유머나 말은 그 시대를 고스란히 반영한다. 이 유머도 자신의 정체성에 대해 혼란을 겪는 현대인들의 불안한 심기를 그대로 드러내고 있다.

사람들은 자기가 정체성이 제대로 확립되어 있는 사람인지 잘 알지 못한다. 정체성이란 것 자체가 난해하기도 하거니와 광범위하기 때문이다. 그렇다면 자신이 정체성이 제대로 확립되어 있는 사람인지 확인할 방법은 없는 것일까? 다음 질문에 대한 결과를 가지고 어느 정도 확인해 볼 수 있다.

01. 나는 내 자신에 대해 매우 부정적이다.
02. 나는 스스로를 합리화시키는 경우가 많다.
03. 나는 나의 의사를 확실히 표현하지 못하는 경우가 있다.
04. 나는 결정해야 될 일에 대해 결단을 잘 내리지 못한다.
05. 나는 하고 싶은 일을 할 기회가 안 생긴다.
06. 나는 내가 열심히 일한 만큼 인정을 받지 못한다.
07. 나는 나에게 주어진 삶에 순응하는 편이다.
08. 나는 여유있는 시간에도 사람들과의 모임에 참석을 안하는 편이다.
09. 나는 삶의 목표 설정과 자기 관리를 잘 못한다.
10. 나는 사람들과 만남을 가질 때 상대에게 끌려가는 편이다.
11. 나는 종종 '표정이 굳어 있다' 라는 말을 듣는다.
12. 나는 대화할 때, 상대방의 눈을 정면으로 보지 못한다.
13. 나는 말하는 것과 제스처에 특징이 없다.
14. 나는 처음 만나는 사람과 쉽게 친해지지 못한다.
15. 사람들은 내가 말하는 것을 귀담아 듣지 않는다.
16. 직장에서나 모임에서 나의 의견이 채택되지 않는 경우가 많다.
17. 사람들이 나의 전화 목소리 이미지와 만났을 때의 이미지가 다르다고 한다.
18. 나의 목소리를 녹음해서 들을 때 내 목소리가 아닌 것처럼 느껴진다.

19. 나는 약속에 늦는 편이다.

20. 나는 나의 능력과 경험에 비해 직위가 낮은 편이다.

21. 사람들은 나의 부분적인 이미지보다 전체적인 것에 대해 말한다.

22. 사람들은 내가 입는 옷의 색에 대해 자주 긍정적인 말을 한다.

23. 다른 사람들이 내가 입는 옷의 스타일에 많은 관심을 보인다.

24. 나는 한 가지 정해진 스타일보다 상황에 따라 여러 종류의 스타일을 선호한다.

25. 나는 나의 이미지나 얼굴에 만족한다.

이 질문의 응답을 가지고 1~20번 문항은 '그렇다' 0점, '보통이다' 1점, '그렇지 않다' 2점으로 계산하고, 21~25번 문항은 '그렇다' 2점, '보통이다' 1점, '그렇지 않다' 0점으로 계산하여 나온 점수를 합산해 보자.

만약 15점 이하라면 정체성이 확립되어 있지 않은 사람으로 자기와의 시간을 충분히 가져야 하고, 16~35점이면 심각하지는 않지만 자신을 분석할 수 있는 시간이 필요하다. 36점 이상은 어느 정도 자기 확립이 되어 있다고 볼 수 있다.

그러나 이것에 너무 연연해할 필요는 없다. 설사 15점 이하로 나왔다고 해도 충분히 개선할 수 있는 문제이다. 이 결과는 단지 자신이 지금 어느 위치에 서 있는지 알려주는 역할을 할 뿐이다. 가장 큰 문제는 이 결과를 보고도 전혀 개선할 의지가 없는 사람이다.

MY PROJECT

삶의 목표를 이루려면 정체성이라는 뿌리를 키워 흔들리지 않는 나를 세워라.

 정체성을 잃은 라마단의 후회

라마단은 19년 동안 후세인 역할을 하다 1999년 미국으로 망명한 사람이다. 그는 바그다드 남부 카르발라의 공립학교 교사였으나 후세인을 닮았다는 이유로 우연히 대역으로 뽑히게 되었다.

그는 이 일을 영광스럽게 생각하고 자신의 삶을 송두리째 버렸다. 그리고 후세인의 역할을 더 완벽하게 수행하기 위해 성형수술도 마다하지 않았고, 위험한 전쟁터에 나가 병사들의 사기를 높였다.

그러던 중 이라크 공산당원이었던 처남이 체포되는 사건이 일어났고, 이로 인해 라마단의 아내와 두 아이가 정보부로 잡혀가게 되었다. 그는 자신의 공적을 인정하여 가족을 살려줄 것을 요청했으나 후세인의 장남 우다이는 냉정하게 이를 거절하고 그의 가족들을 처형하였다.

이 사건을 계기로 그는 자신이 얼마나 어리석은 삶을 살았는지 절실히 깨닫게 되었고, 미국 정보기관을 비롯한 여러 사람의 도움을 받아 마침내 미국으로 망명하게 되었다.

SUCCESS_13

쓸데없는 역할은
과감하게 버려라

••• "왜 나는 항상 네가 가는 대로 따라가야만 하지? 이건 불공평해."

뱀의 꼬리가 머리에게 불만을 털어놓았다.

"너는 눈이 없잖니?"

"그게 뭐가 문제라는 거야?"

"눈이 없으면 위험한 일이 생길 수도 있어. 그러니까 우리가 위험하지 않기 위해서는 내가 가는 대로 따라와야 해."

하지만 머리의 설득에도 불구하고 꼬리는 자신이 앞장 서게 해달라고 고집을 부렸다. 꼬리의 성화에 못 이겨 하는 수 없이 뱀의 머리는 자신의 역할을 양보했다. 소원대로 앞장을 서게 된 뱀의 꼬리는 무척 기뻤다. 하지만 이내 자신의 결정을 후회했다. 눈이 없는 꼬리는 가시덤불 속으로 들어가기 일쑤였고, 종종 낭떠러지에서 굴러 떨어지기도 했다. 그럴 때마다 뱀의 머리는 자신이 앞장을 서는 것이 좋겠다고 꼬리를 설득했다. 하지만 뱀의 꼬리는 이를 단호하게 거절했다. 그러다 결국 뱀은 산불이 나 불에 타 죽고 말았다.

『탈무드』에 나오는 이 이야기는 자신의 역할을 정확히 파악하는 것이 얼마나 중요한지를 알려준다.

살면서 사람들은 수많은 역할을 하게 된다. 부모의 역할, 자식의 역할, 친구의 역할, 직원으로서의 역할, 상사로서의 역할, 국민으로서의 역할 등등 가정에서부터 국가까지 내가 속해 있는 곳에는 항상 나에게 주어지는 역할이 있다.

그래서 조화롭게 이 역할들을 모두 수행한다는 것은 여간 힘든 일이 아니다. 한 역할이라도 소홀히 하거나 한 곳에 너무 집중하면 균형이 깨지고 만다.

자신의 역할을 제대로 수행하기 위해서는 자신이 속해 있는 환경을 입체적으로 분석해야 한다. 이러한 역할 분석은 '나'를 이해하고 풀어 나가는 시간이 된다. 다음에 제시하는 질문으로 자신의 역할을 분석해 보자.

- 나의 역할에는 어떤 것이 있는가?
- 모든 역할에 집착해서 너무 바쁘게 살지 않는가?
- 이름만 올려놓거나 얼굴만 내미는 역할은 없는가?
- 지금 역할 중에서 가장 중요하게 생각하는 것은 무엇인가?

이 질문들을 계속하다 보면 '나'를 중심으로 내가 맺고 있는 관계가 자연스럽게 떠오른다. 이것을 '나'를 중심으로 해서 둥그렇게 나열해 보자. 적게는 5~6개, 많게는 10개 이상의 역할이 나를 에워싸고 있을 것이다. 가족, 직장, 사회관계, 친구관계, 봉사 참여 등등 새삼 자신이 얼마나 많은 역할을 하고 살고 있으며, '내가 왜 이 역할을 하고 있지?' 라는 생각이 드는 역할도 눈에 띌 것이다.

이런 쓸데없는 역할은 과감히 포기하라. 자신의 역할을 분석하는 것은 있으나마나한 쓸데없는 역할을 과감히 지우고 자신이 현재 중요하게 생각하는 역할에 집중하기 위함이다.

현대인들은 '바쁘다 병'에 걸려 있다. 바쁘지 않으면 하루 종일 초조해하고 불안해한다. 사람들 속에서 바쁘게 움직여야 안심을 한다. 그 결과 정작 중요한 역할을 소홀히 하고 있다.

그래서 더욱 현대인들에게 자신의 역할에 대한 분석이 필요한 것이다. 각 역할마다의 문제점, 역할 충실도, 갈등 점검 등 역할에 대한 면밀한 검토는 산만한 역할들을 정리해 주어 '급하게 해야 할 역할'이 무엇이며 '버려야 할 역할'이 무엇인지 가르쳐 준다.

자기와의 시간을 갖고 내 역할을 살펴보자. 그리고 가정에서, 회사에서, 친구들 사이에서, 사회적 관계에서 나는 어떤 위치에 있으며 그 역할을 제대로 수행하고 있는지 파악하자. 만약 자신이 있어야 할 위치에 있지 않고, 쓸데없는 역할 때문에 중요한 역할을 제대로 수행하지 않고 있다면 지혜롭게 정리하자.

충만한 삶을 살기를 원한다면 나의 역할을 과감하게 버릴 줄 알아야 한다.

MY PROJECT

'나'가 속해 있는 환경을 입체적으로 분석하여 쓸데없는 역할을 과감하게 포기하라.

TIP 필요 없는 '나'를 버리는 방법
- 주위의 시선이나 강요에 지나치게 신경 쓰지 않는다.
- 다른 사람들이 자신의 진짜 모습을 보고 실망할까 미리 두려워하지 않는다.
- 자기와의 시간을 충분히 갖는다.
- 감히 상상하지 못했던 일을 하나씩 실천한다.
- '아니오'라고 대답하는 연습을 한다.
- 자신에 대해 포기하고 버리는 연습을 한다.

SUCCESS_14

목표가 있는 사람은
길을 잃지 않는다

▪▪▪ 깜깜한 바다에서 배가 헤매지 않도록 등대가 서 있는 것처럼 내 안에도 삶의 목표를 세워야 길을 잃지 않는다. 우리가 살아가는 세상은 바다보다도 복잡하기 때문이다.

실현 가능 여부를 떠나 삶의 목표를 세우는 것은 매우 중요하다. 삶에 목표와 목적성이 있으면 삶을 대하는 자세가 달라지기 때문이다. 목표를 갖게 되면 그것에 도달하기 위해 자신의 삶에 충실하게 되고, 반면 삶의 목표가 없으면 이루고자 하는 것이 없기 때문에 어떤 긍정적인 변화도 꾀하지 않는다.

하지만 대부분의 목표는 막연하다. '난 커서 대통령이 될 거야', '난 부자가 되었으면 좋겠어', '승진을 했으면 좋겠다'라는 식이다. 목표를 실현시키기 위한 구체적인 방법이 없다.

목표를 세우는 것에만 그친다면 이는 그저 꿈에 불과하며, 혼란에 빠지거나 방황할 때 이 목표는 흔들리는 '나'를 바로잡아 주지 못한다.

자신이 지향하는 바를 실현시키고 싶다면 삶에 구체적으로 접근해야 한다.

미국의 16대 대통령 에이브러햄 링컨은 인생의 목표를 구체적으로 짜는 것이 인생에 얼마나 큰 영향을 미치는지를 보여주는 좋은 예라고 할 수 있다. 에이브러햄 링컨은 가난한 농부의 아들로 태어나 다른 아이들처럼 학교교육을 제대로 받을 수 없었다. 하지만 그는 어렸을 때부터 대통령이 되겠다는 목표를 세웠다. 그리고 이를 달성하기 위해 독학으로 변호사가 되고, 1834년에는 일리노이 주의회 의원 선거에 나가 당선되었으며, 이어 1847년 연방 하원의원 선거에 출마하여 당선되었다. 그러나 멕시코 전쟁에 반대했다는 이유로 하원의원 선거에서 낙선하여 다시 변호사 생활로 돌아갔다. 하지만 링컨은 이에 좌절하지 않고 대통령의 꿈을 이루기 위해 끊임없이 도전했다. 결국 링컨은 1860년 공화당의 대통령 후보로 지명되어 대통령에 당선되었다.

만약 링컨이 반드시 성공하고야 말겠다는 마음만 먹고 막연하게 목표를 세웠다면 자신의 꿈은 이루지 못했을 것이다. '언제까지 어떤 모습이 되겠다' 라는 식으로 목표를 세분화하고, '어떻게 실현할 것인가' 하고 실천사항을 '실현 가능' 하게 짰기 때문에 자신의 어릴 때 꿈을 이룰 수 있었다.

이처럼 삶의 목표에 구체적으로 접근하면 목표를 달성하기 위해 '가장 큰 장애가 되는 것', '가장 필요한 것', '당장 실천해야 하는 것' 등 자기계발을 위한 방법이 뚜렷하게 보인다. 무엇보다 자신이 세운 목표가 '충분히 실현 가능하다' 는 확신과 자신감을 갖게 된다.

구체성을 띠지 않는 목표는 실현 가능성이 낮다. 구체적이지 않기 때문에 '운'을 바라게 되고, 막연하기 때문에 목표가 한없이 멀게 느꺼져 '과연 내가 이 꿈을 이룰 수 있을까' 하고 자신의 능력을 의심하게 된다.

또한 목표에 도달하기 위한 과정이 세분화되지 않아 항상 '한자리를 맴돈다'는 느낌을 받는다. 그래서 힘든 상황에 부딪혔을 때 '그래, 내 능력은 이것밖에 안돼' 하고 쉽게 포기해 버리고, 조금만 혼란스러운 상황에 처해도 자신이 나아가야 할 방향을 잃고 헤맨다. 하지만 목표에 도달하기 위한 과정을 세분화하면 작은 목표달성이지만 단계별로 성취감을 느끼게 되고, 그것을 발판으로 다음 단계로 도약할 힘과 용기를 얻을 수 있다.

삶은 두루뭉실하지 않다. 그래서 '주먹구구식'은 통하지 않는다. 물론 저돌적으로 자신의 목표를 성취한 사람도 있다. 하지만 극히 일부에 지나지 않으며, 이런 성공에는 대부분 '삶의 철학'이 담겨 있지 않다. 삶의 철학이 담겨 있지 않은 성공을 과연 성공이라고 말할 수 있을까?

자신이 원하는 바를 이루고 싶다면 더디더라도 삶의 목표를 구체적으로 세워라. 그리고 이를 실현시킬 수 있는 실천계획을 구체적으로 짜라. 무엇이든 '제대로' 된 것을 얻기 위해서는 많은 시간이 걸리는 법이다.

MY PROJECT

성공하고자 한다면 삶의 목표와 계획을 구체적으로 짜라.

미국의 자동차 왕! 헨리 포드

미국을 대표하는 자동차 회사 포드 사의 헨리 포드는 목표를 위해 도전과 실패를 두려워하지 않았던 인물로 유명하다. 남들처럼 충분한 교육을 받지는 못했지만 그는 큰 비전을 가지고 목표를 향해 나아갔다.

일례로 그는 V-8 엔진 제작이 가능하다고 생각하고 일을 계속 진행시켰으나 번번이 실패를 했다. 이에 엔지니어들은 이 일이 불가능하다고 거듭 말했다. 그러나 포드는 이에 굴하지 않고 V-8 엔진을 만드는 일을 멈추지 않았다. 그 결과 마침내 모든 사람이 불가능하다고 여겼던 V-8 엔진 생산이 실현되었다.

SUCCESS_15

좋아하는 것과
잘하는 것은 다르다

••• 좋아하는 것과 잘하는 것은 다르다. 노래 부르기를 좋아하는 사람이 모두 노래를 잘 부르는 것은 아니듯, 좋아하는 것과 잘하는 것에는 엄연한 차이가 있다.

그러나 사람들은 무의식적으로 좋아하는 것과 잘하는 것을 혼동한다. 예를 들어 사람들은 진로 선택을 고민하는 이에게 '네가 좋아하는 것을 하라'고 조언한다. 하지만 '네가 잘하는 것을 하라'고 해야 맞다.

물론 선호하는 것을 더 잘할 확률이 높다. 쉽게 흥미를 잃지 않고 집중할 수 있기 때문이다. 하지만 좋아하는 것은 '선호'이고 잘하는 것은 '능력과 재능'이다. 예를 들어 사람들은 음악을 좋아해서 그 방면에 대해 박식한 사람을 '음악적 재능이 뛰어나다'고 여기지 않는다. 그냥 '마니아'라고 생각한다.

좋아하는 것과 잘하는 것을 명확하게 구별하는 것이 얼마나 큰 효과를 가져오는지 모르는 사람들은 이를 대수롭지 않게 생각한다. 하지만 이렇게 생각해 보라. 성공을 하려면 '좋아하는 것'을 해야 할까? '잘하는 것'을 해야 할까?

성공을 하느냐 마느냐는 '좋아하는 것'이 아니라 '잘하는 것'에 의해 판가름된다. 이를 구별하지 못하면 혼동을 불러오고 성공을 방해하는 큰 걸림돌이 된다.

자신이 좋아하는 것과 잘하는 것을 구별하려면 'MI(Mind Identity : 자기 바라보기)'를 통해 끊임없이 질문을 던져야 한다.

- 나의 장점과 단점은 무엇인가?
- 내가 가장 재미있어 하는 일은 무엇인가?
- 내가 가장 좋아하는 일은 무엇인가?
- 내가 가장 잘하는 일은 무엇인가?
- 내가 가장 못하는 일은 무엇인가?
- 내가 가장 싫어하는 일은 무엇인가?
- 나를 가장 행복하게 하는 것은 무엇인가?

이런 식으로 '자기 바라보기'를 통해 자신과 꾸준히 대화를 나누다 보면 자신이 좋아하는 것과 잘하는 것을 명확히 구분하게 된다.

가장 이상적인 것은 자신이 좋아하는 것과 잘하는 것이 일치하는 것이다. 좋아하는 것과 잘하는 것이 일치하면 성공할 가능성이 높아질 뿐만 아니라 성공 여부를 떠나 자신의 삶이 만족스럽다.

그렇다면 자신이 좋아하는 것과 잘하는 것이 일치하지 않는 사람들은 평생 불만족 속에서 살아야 할까? 그렇지 않다. 자신이 좋아하는 것과 잘하는 것이 일치하지 않는 사람들은 이를 명확하게 구분하여

'잘하는 것'에 주목하면 된다. 그리고 '좋아하는 것'은 순수하게 즐기면 된다. 그렇게 하면 좋아하는 것과 잘하는 것을 버리지 않으면서 좋아하는 것과 잘하는 것이 일치했을 때의 만족감과 성취감을 느낄 수 있다.

따라서 더디더라도 잘하는 것과 좋아하는 것을 정확하게 파악하라. 그리고 그것을 명확하게 구분하라.

MY PROJECT

자신의 삶이 불만족스럽다면 자기 바라보기를 통해 '좋아하는 것'과 '잘하는 것'을 명확하게 구분하라.

TIP 영화감독의 거장, 스티븐 스필버그!

스티븐 스필버그는 영화에 별 관심이 없는 사람도 알 만큼 거장 영화감독이다. 아이들에게 유대인이라는 이유로 따돌림을 당하고, 부모의 연이은 이혼으로 학교 가기를 싫어했던 그는 공부 대신 11세 때부터 8mm 홈 무비카메라를 들고 다니며 '자기가 가장 좋아하고 잘하는' 영화를 찍고 다녔다. 급기야 영화 때문에 꾀병을 부려 결석을 하기도 했다.

13세 때 40분짜리 전쟁영화 〈도피할 곳 없는 탈출〉을 시작으로 그는 〈조스〉〈인디아나 존스〉〈E.T〉〈컬러피플〉 등 총 28편을 만들었으며, 〈쉰들러 리스트〉로 1993년 아카데미 시상식에서 작품상, 감독상을 비롯하여 총 8개의 상을 거머쥐는 저력을 보여주었다.

이제 그는 60세를 바라보는 적지 않은 나이가 되었지만 아직도 젊은 감독 못지않은 열정으로 왕성한 활동을 하고 있다.

SUCCESS_16

플러스 행동을 실천하라

▪▪▪ 몹시 배가 고팠던 갈매기는 갯벌을 기어가는 게를 낚아채 둥지로 돌아왔다. 갈매기가 게를 먹으려 하자 게가 이렇게 소리쳤다.

"갈매기야, 나는 게가 아니란다. 나를 먹어서는 안돼."

갈매기는 게의 말에 코웃음을 쳤다.

"거짓말 하지 마. 아무리 봐도 게랑 똑같이 생겼는데?"

"아니야, 내 등껍질을 봐. 게들하고 색깔이 달라. 그리고 몸집도 작잖아."

그러고 보니 정말 다른 게보다 작고 색깔도 달라 보였다.

"그런 것 같기도 하네. 그럼 넌 뭐니?"

"가재란다. 너도 들어봤지? 숲 속 계곡에 사는 가재 말이야."

"정말? 가재가 이렇게 생겼구나. 그런데 왜 숲 속에 있어야 할 네가 바닷가에 있는 거니?"

게는 슬픈 표정을 지으며 홍수로 인해 물에 휩쓸려 바다까지 떠내려 왔다고 말했다. 그러자 갈매기는 안쓰러운 표정을 지으며 게를 바닷가에 풀어 줬다. 하지만 이내 게는 갈매기에게 잡혀 먹이가 되고 말았다. 옆으로 걸었기 때문이다.

게처럼 사람들은 누구나 자신만의 고유한 행동습관을 가지고 있다. '세 살 버릇 여든까지 간다'는 말이 있듯이 아무리 신경을 쓰고 고치려 해도 어느 순간 그대로 드러난다. 그래서 행동습관을 보면 그 사람이 어떤 사람인지 어림짐작할 수 있다.

PIP를 이루는 세 가지 요소에 BI(Behavior Identity : 자기 행동하기)가 있는 것은 바로 이 때문이다. '되고 싶은 나'가 되려면 '자기 바라보기' 뿐만 아니라 '자기 행동하기'도 분석하고 변화시켜야 한다.

우리는 하루에도 수십 가지의 행동을 한다. 말하기, 듣기, 자세, 표정 등등 자신이 하는 행동은 수없이 많다. 그런데 이 많은 행동 중에 자신이 만족하는 것은 얼마나 될까? 반드시 고쳐야 하는 행동들은 없을까?

행동은 대인관계에 많은 영향을 미친다. 소소하다고 생각될 수도 있지만 작은 행동들이 상대방에게 부정적인 이미지를 심어 주는 결정적인 역할을 한다. 코를 만지작거리거나, 입술을 깨물거나, 손장난을 하거나, 머리카락을 만지거나 하는 행동 등은 산만하게 보여 상대방에게 신뢰감과 호감을 주지 못한다. 포즈, 표정, 눈맞춤, 제스처, 목소리, 생활습관 등 언어적이든 비언어적인 행동이든 하나하나가 '나'를 나타내는 기호가 된다. 따라서 스스로 지금 자기의 행동에 문제점은 없는지 점검해야 할 필요성이 있다.

자기의 행동을 점검하려면 스스로 자문하는 것이 가장 좋다.

- 나는 말을 주로 하는 편인가, 아니면 듣는 편인가?
- 나의 자세나 태도에 자신감이 있는가, 그렇지 않은가?
- 나의 목소리에 만족하는가, 그렇지 않은가?
- 대화할 때 제스처를 사용하는 편인가, 그렇지 않은가?
- 습관적으로 어떤 제스처를 사용하는가, 그렇지 않은가?
- 혼자 있는 시간에 무엇을 하는가?
- 평상시 나의 표정은 어떠한가?

이처럼 자신에게 질문을 하다보면 자기 행동의 문제점을 발견하게 되어 BI의 목표를 설정할 수 있다.

다른 사람에게 좋은 이미지를 주는 행동은 자신의 가치를 높일 뿐만 아니라 실질적인 이득을 가져온다. 특히 사람을 상대하는 일이 많은 직종을 가진 사람들은 자신의 행동이 하나의 상품이 된다. 표정, 인사, 목소리 등 작은 것 하나에 의해 계약의 성사 여부가 결정되는 일이 비일비재하다.

그러므로 성공하고 싶다면 자기 행동을 빠짐없이 분석하라. 그리고 '마이너스 행동'을 '플러스 행동'으로 바꾸는 전략을 세워 실천하라. 그러면 변화된 행동 하나가 가져오는 시너지 효과에 놀랄 것이다.

MY PROJECT

자기 행동을 분석하여 '마이너스 행동'을 '플러스 행동'으로 바꿔라.

TIP 좋은 습관 길들이기

- 매일 일기나 다이어리를 쓴다.
- 대화할 때 메모를 한다.
- 약속시간을 정확하게 지킨다.
- 한 달에 세 권 이상의 책을 읽는다.
- 매일 신문을 읽는다.

SUCCESS_17
고 정주영 회장이 성공한 이유

▪▪▪ 세상에는 수다가 필요한 사람이 있고 절제가 필요한 사람이 있다. 수다가 필요한 사람은 '자신감'이 없어 말을 해야 할 때에도 하지 못하는 사람이고, 말을 줄여야 할 사람은 상대방은 배려하지 않은 채 일방적으로 자신의 말 하기에만 관심이 있는 사람이다.

말하기와 듣기는 하루 중에 가장 많이 하는 행동으로 상대방을 파악하는 핵심 열쇠가 된다. 몇 년 전 인기를 모았던 사오정 시리즈는 이를 입증하는 좋은 예라고 할 수 있다.

사오정이 편의점에 갔다.

"아저씨, 햄버거랑 콜라 주세요."

그러자 자상한 목소리로 아저씨가 말했다.

"햄버거가 없는데."

"음…… 그러면 햄버거랑 사이다 주세요."

화난 목소리로 아저씨가 말했다.
"햄버거 없다니깐!"
"그러면 햄버거랑 우유 주세요."
얼굴까지 붉어진 아저씨가 고함을 쳤다.
"내가 햄버거 없다고 했잖아!"
그러자 사오정 왈.
"할 수 없네요. 그냥 햄버거만 주세요."

여기서 귀가 들리지 않는 사오정을 보면 어떤 사람이 떠오르는가? 타인에 대한 배려가 없고, 남의 말에 귀기울이지 않으며, 자기에게만 관심이 있는 자기중심적인 사람이 그려질 것이다. 이처럼 말하기와 듣기 습관을 보면 그 사람을 알 수 있다.

'말 한마디에 천 냥 빚을 갚는다' 는 말이 있듯이 말하기는 옛부터 중시되어 왔다. 실제로 한 치의 혀가 어마어마한 이득과 불이익을 불러올 수 있다. 특히 비즈니스에서 말하기는 치명적인 결점이 될 수도 있고, 가장 큰 장점이 될 수도 있다.

현대그룹 정주영 전 명예회장의 일화는 말하기가 사업의 성패에 얼마나 지대한 영향을 미치는지를 보여주는 대표적인 예라고 할 수 있다. 조선소 설비자금을 마련하기 위해 정주영 회장은 영국 버클레이 은행 부총재와 면담을 하게 되었다. 정주영 회장은 버클레이 은행 부총재에게 자금을 지원하면 한국을 조선 대국으로 만들겠다고 자신있게 말했다.

그러자 부총재는 정주영 회장에게 '대학 때 무엇을 전공했느냐' 고 물었다. 소학교밖에 졸업하지 못한 정주영 회장은 이 질문에 당황할 수밖에 없었다. 그러나 정신을 가다듬고 정주영 회장은 '사업계획서를 읽어 보았느냐'고 되물었다. 은행 부총재가 '읽었다'고 대답하자 정주영 회장은 '내 전공은 바로 조선소 사업계획서'라고 말했다고 한다. 이에 버클레이 은행 부총재는 크게 웃으며 조선소 설립자금을 기꺼이 지원했다.

듣기 또한 마찬가지이다. 사람들은 대부분 듣기를 대수롭지 않게 생각하는 경우가 많다. 하지만 말하기를 잘하려면 잘 들어야 한다. 대화란 말하기뿐만 아니라 듣기까지 포함하는 것이기 때문이다.

세계적인 모직회사 '데트머'의 일화는 듣기가 얼마나 긍정적인 파급효과를 가져오는지를 보여주는 좋은 실례라고 할 수 있다. 데트머의 신용 판매부는 회사에 부채를 지고 있는 한 고객에게 부채를 청산하라는 독촉장을 보냈다. 그런데 그 독촉장을 받은 고객이 신용 판매부로 달려와 '나는 데트머에 부채를 진 적이 없다'며 노발대발했다. 이에 데트머의 신용 판매부 담당자는 화를 내기보다는 고객의 얘기를 끝까지 경청한 후 약간의 돈을 쥐어 주며 이 일을 깨끗이 처리하겠노라고 약속했다. 그리고 재검토 후 자신의 잘못을 시인하고 고객에게 불편을 끼쳐드려 죄송하다는 편지를 써서 보냈다. 데트머의 태도에 감동을 받은 고객은 그 후 더 많은 물건을 구입하게 되었다.

이처럼 말하기와 듣기는 모든 관계 속에서 매우 중요하다. 따라서 말하기와 듣기를 효과적으로 하지 못한다면 훈련을 통해 개선해야 한다. 말하기와 듣기를 잘하려면 자신의 말하기와 듣기 습관을 파악한 후 이것을 개선할 수 있는 방법을 찾아 실천해야 한다. 다음에 제시하는 설문을 통해 자신의 말하기와 듣기 습관이 어떤지 점검해 보자.

- 화젯거리가 풍부한가?

- 대화할 때 솔직한 편인가?
- 상대가 이야기할 때 메모를 하는 편인가?
- 대화할 때 상대의 눈을 응시하는가?
- 상대가 이야기할 때 집중하는 편인가?
- 스스로 유머감각이 있다고 생각하는가?
- 듣는 것보다 이야기하는 것을 좋아하는가?
- 다른 사람을 배려하고 살피는 편인가?
- 대화할 때 적절한 제스처를 사용하는가?

이 질문에 긍정적인 대답이 많다면 말하기와 듣기를 잘하고 있는 것이고, 부정적인 대답이 많다면 타인과의 원활한 커뮤니케이션을 위한 준비가 되어 있지 않다는 뜻으로 PIP를 통해 '자기 행동하기'에 대한 자기완성의 노력이 필요하다.

말을 많이 하는 편인 사람은 말하기는 '절제' 하고 듣기에 치중해야 한다. 반대로 말이 없는 편인 사람은 '자신감' 을 키우고, '말을 잘해야 한다' 는 부담감을 버리고 적극적으로 대화에 참여해야 한다.

MY PROJECT

경쟁력을 갖추려면 말하기와 듣기 습관을 정확하게 파악하라.

TIP 플러스 대화법

- 대화할 때 칭찬을 많이 사용하라.
- 상대방의 말에 적절하게 맞장구를 쳐라.
- 상대방 이야기를 열심히 듣고 있다는 사실을 제스처나 대꾸를 통해 표현하라.
- 상대방과 시선을 맞추어라.
- 논쟁을 불러일으킬 수 있는 정치, 종교 등의 화제는 삼가라.
- 선정적이거나 모욕감을 주는 농담은 삼가라.
- 상대방의 말을 가로채지 마라.
- 말하는 데 욕심을 부리지 마라.

SUCCESS_18

첫인상,
자세에서 결정된다

▪▪▪ 키가 큰 두 사람이 걸어가고 있다. 그런데 한 사람은 구부정한 자세로 걷고 한 사람은 등이 곧은 자세로 걷는다. 이 두 사람 중에 누구에게 더 호감이 가는가?

대부분의 사람들은 등이 곧은 자세로 걷는 사람에게 호감을 느낀다. 가슴이나 등이 곧은 자세는 자신감, 호탕함, 열린사고의 소유자라는 느낌을 주는 반면, 구부정한 자세는 자신감과 의욕이 없어 보이고 닫힌 사고의 소유자라는 느낌을 주기 때문이다.

패션모델들을 보라. 한결같이 자세가 곧은 그들은 자신감이 넘쳐 보이고 멋스럽다.

이처럼 자세는 첫인상에 많은 영향을 주는 요소 중 하나이다. 무심코 당신이 취한 자세가 '얼마나 자신감이 있는 사람인가', '친근하게 다가갈 수 있는 사람인가' 등 당신에 관한 다양한 정보를 제공한다.

다른 사람에게 호감을 주는 자세를 갖기 위해서는 자신이 어떤 자세를 하고 있는지 비디오나 사진으로 촬영하여 정확히 파악한 후 이를 개선하도록 노력해야 한다. 다음 자세 중 나는 어떤 자세에 속하는지 체크해 보자.

바른 자세
자신감 있고 긍정적이며 여유로워 믿음을 주는 이미지(긍정적인 이미지)

젖힌 자세
거만하고 상대방을 배려할 줄 모르는 자기중심적인 이미지(부정적인 이미지)

숙인 자세
소극적이고 자신감이 결여되어 신뢰감을 주지 못하는 이미지(부정적인 이미지)

어깨만 굽은 자세
의욕이 없고 자신감이 결여되어 보이는 어두운 이미지(부정적인 이미지)

체크한 결과 부정적인 이미지를 주는 자세라면 긍정적인 이미지를 주는 자세로 변화시켜야 한다. 자세는 소리는 없지만 강력한 메시지를 전달하고 더 정확한 정보를 전달할 때도 있기 때문이다.

그러므로 다른 사람들과 커뮤니케이션이 원활하지 않다면 자세도 교정하라. 자세가 바로서야 세상을 긍정적으로 바라볼 수 있고, 다른 사람들도 당신을 긍정적으로 바라본다.

MY PROJECT

상대방에게 신뢰감을 주고 싶다면 흐트러진 자세를 바르게 교정하라.

 부정적인 이미지를 주는 자세

- 대화할 때 상대방과 멀리 떨어져 이야기하지 마라. 현재의 대화에 관심이 없다는 느낌을 준다.
- 가슴 앞부분에 팔짱을 끼지 마라. 방어적이고 폐쇄적인 느낌과 상대방의 의견에 동의하지 않는다는 인상을 심어 준다.
- 소지품을 쥐고 있지 마라. 상대방에게 방어적인 느낌을 주어 불쾌감을 준다.
- 앉아 있을 때 다리와 팔을 꼬지 마라. 대화에 관심이 없을 뿐만 아니라 상대방을 마음에 들어 하지 않는다는 인상을 남긴다.

SUCCESS_19
표정은 좋은 인상의 핵이다

▪▪▪ 자기를 가장 잘 드러낼 수 있는 부분 중 하나가 얼굴이다. 그래서 사람들은 얼굴에 가장 많은 신경을 쓴다. 번거롭고 귀찮은데도 매일 화장을 하고 깨끗한 얼굴을 유지하기 위해 피부 관리를 한다. 하지만 좋은 인상은 깨끗한 피부, 화장을 한 예쁜 얼굴도 중요하지만 밝은 표정에 의해 결정된다.

대다수의 사람들은 좋은 인상은 잘생긴 외모에서 비롯된다고 생각한다. 하지만 곰곰이 생각해 보라. 잘생긴 사람이 모두 좋은 인상을 가지고 있는 것은 아니다. 아무리 잘생긴 사람이라도 얼굴 표정이 밝지 않으면 좋은 이미지를 주지 못한다.

좋은 표정 중의 대표적인 것은 웃는 표정이다. 실제 호감을 느끼는 사람들을 보면 대부분 웃는 모습이 아름답다. 미소는 좋은 인상을 결정하는 핵심이다. 따라서 자주 웃어라. 웃는 표정은 자신의 이미지를 좋게 할 뿐만 아니라 주변 사람들까지 행복하게 한다.

요즘 각종 방송 프로그램, CF에서 종횡무진하고 있는 '절대음감'의 방송인 서민정을 보면 웃는 표정이 사람들에게 얼마나 좋은 이미지를 심어 주는지를 알 수 있다. 서민정은 요즘 신세대 배우처럼 서구형 몸매도 아니고 외모도 평범한 편이다. 그럼에도 불구하고 그녀가 대중들의 감성을 자극하는 것은 웃는 모습 때문이다. 물론 '절대음감'이 서민정의 인기에 가장 큰 영향을 미쳤지만 그 이전에 서민정의 해맑은 웃음이 대중들에게 강한 어필을 했다. 대중들은 그녀의 웃는 모습을 보면서 더불어 친근하고 선한 느낌을 가지게 되었다.

하지만 무조건 웃는다고 해서 좋은 인상을 주는 것은 아니다. 좋은 인상을 주려면 '진짜 웃음'을 지어야 한다. 실제로 자주 웃는데도 다른 사람들에게 좋은 인상을 심어 주지 못하는 사람이 있다. 그런 종류의 사람은 다음과 같다.

- 과장되게 웃는 사람
- 눈으로만 웃는 사람
- 상황에 맞지 않게 웃는 사람

아무리 웃는 표정이 좋은 인상을 결정하는 핵심이라 해도 이런 사람들의 웃음은 호감을 주지 못한다. 표정은 진심어린 마음이 담겨 있는 언어이기 때문에 거짓웃음은 추하다. 그러므로 좋은 인상을 주는 표정을 만들려면 '진심으로' 웃어야 한다.

주변에서 종종 아름다운 얼굴과 체형을 가지고 있음에도 사람들에게 호감을 주지 못하는 사람들을 발견한다. 좋은 인상이란 '얼마나 사람들의 이목을 집중시키느냐'가 아니라 '얼마나 편안하고 친근한 이미지를 사람들에게 주느냐'이기 때문이다.

따라서 사람들과의 대인관계가 좋지 않다면 '내가 너무 잘나서 사람들이 쉽게 다가오지 못하는 거야'라며 안일하게 방치하지 말고 부드럽고 친근감을 주는 좋은 표정을 만드는 연습을 해야 한다.

- 나는 웃는 표정인가?
- 내 얼굴에는 어떤 주름이 많은가?
- 나는 습관적으로 짓는 표정이 있는가?

위와 같은 방법으로 자신의 표정을 점검하다 보면 당신의 인상을 부정적으로 만들게 하던 표정과 자신을 가장 돋보이게 하는 표정을 발견하게 될 것이다.

MY PROJECT

좋은 첫인상을 갖고 싶다면 표정을 관리하라.

 좋은 인상을 심어 주는 웃는 표정 만들기

1. 크게 웃는 얼굴 표정을 지은 상태에서 양쪽 입술꼬리를 두 집게손가락 끝으로 꾹 누른 후 10초간 그대로 유지한다. 단, 다른 부분의 얼굴 근육은 긴장을 풀어 준다.
2. 1번 상태에서 보통 웃는 얼굴(1/2스마일)로 바꾼 후 10초간 그대로 웃는 얼굴을 유지한다.
3. 2번 상태에서 작게 웃는 얼굴로 바꾼 후 10초간 그대로 유지한다.

4. 그대로 집게손가락을 양쪽 입술꼬리에 고정시킨 후 입을 다문 상태에서 10초간 그대로 유지한다.
5. 양쪽 입술꼬리를 집게손가락으로 고정한 채 입을 최대한 오므린다.
6. 1~5번까지 계속 반복한다. 이때, 집게손가락으로 양쪽 입술꼬리를 누르는 것은 입매 근육의 움직임을 확인하기 위해서이다.

SUCCESS_20

인상은
눈썹, 눈, 입의 라인에 의해 결정된다

▪▪▪ 사람의 인상은 눈썹, 눈, 입술이 이루는 라인에 의해 결정된다. 특히 눈썹은 '얼굴의 지붕'으로 인상을 결정짓는 중요한 부분이다. 지붕의 모양에 따라 집의 느낌이 다르듯 눈썹에 의해 얼굴의 인상이 가장 많이 달라진다.

특히 여성은 두 눈썹 사이가 이미지에 큰 영향을 주기 때문에 눈썹 메이크업에 특별히 신경을 써야 한다. 얼굴에서 가장 먼저 눈에 들어오는 부분이 눈썹과 눈썹머리 부분이다.

탤런트 김혜수는 눈썹 메이크업으로 이미지 변신에 성공한 배우로 유명하다. 그녀는 눈썹 메이크업 하나로 여러 차례 이미지 변신을 시도했다. 데뷔 초기 시절 그녀는 자신의 일자형 눈썹을 그대로 살려 청순하고 건강한 이미지를 고수하다가 어느 순간 눈썹 뒷부분을 정리한 후 눈썹을 치켜올려 섹시한 이미지를 만들었다. 그러다 다시 요즘은 자신의 눈썹을 최대한 그대로 살려 자연스러운 모습을 부각시키고 있다. 이처럼 눈썹 하나로 인해 사람의 인상은 판이하게 달라진다.

눈썹은 크게 일자형, 처진형, 올린형으로 나뉜다. 어떤 유형이냐에 따라 상대방에게 각기 다른 이미지를 심어 준다. 따라서 '나의 눈썹형'을 파악하면 자신이 어떤 이미지 군에 속하는지 가장 쉽게 알 수 있다.

일자형
편안하고 무난한 느낌을 주어 안정감과 신뢰감을 주지만 개성이 없다.

처진형
지쳐 보이고 고민이 많아 보여 어두운 이미지를 준다.

올린형
활력 있고 적극적이며 개성이 강하게 보이지만 이기적인 느낌을 준다.

이중에서 인상에 부정적인 이미지를 주는 것은 처진형이다. 이는 눈썹뿐만 아니라 처진 입술과 눈도 마찬가지이다.

처진형이 좋은 인상을 연출하려면 무엇보다도 얼굴 표정 연습을 꾸준히 해야 한다. 특히 웃는 연습은 가장 효과적이다. 그런 다음 패션 스타일, 안경, 눈썹 끝 부분 등을 정리하여 처진 부분을 보완한다.

헤어스타일
착시현상을 이용하여 머리 윗부분은 세우고 귀 옆머리는 짧게 잘라 처져 있는 양 끝을 보완한다.

셔츠 칼라

양 옆으로 받쳐 주는 와이드 스프레드 칼라(wide spread collar : 깃이 벌어져 있고 풀을 먹여 뻣뻣한 칼라)를 입는다. 캐주얼 셔츠는 칼라 깃의 뒷부분을 세워 주면 효과적이다.

셔츠 주머니와 슈트 주머니

물건을 넣으면 어깨 등이 처져 보이므로 아무것도 넣지 않는다.

안경테

윗부분에 포인트가 있고 위 끝이 약간 올라간 라인의 안경이 바람직하며 아랫부분은 무테인 것이 좋다.

이처럼 좋은 첫인상을 주고 싶다면 눈썹, 눈, 입의 라인을 살펴 자신이 어떤 이미지 군에 속하는지 파악하고 결점을 옷, 헤어스타일 등으로 보완하여 자신을 효과적으로 표현해야 한다.

MY PROJECT

눈썹, 눈, 입의 라인으로 자신의 인상을 파악하여 그에 맞게 이미지를 컨설팅하라.

유형별 눈썹 그리기

숱이 없는 눈썹

숱이 없어 형태가 뚜렷하지 않은 경우는 펜슬로 꼼꼼하게 짧게 그려 준다. 그러나 자칫하면 진하게 표현될 수 있으므로 초보자의 경우는 주의한다.

숱이 적당한 눈썹

눈썹이 적지도 않고 많지도 않은 평균인 경우는 펜슬과 뭉치지 않고 잘 발라지는 브로우를 함께 이용하여 눈썹을 메우듯 그려 주면 자연스럽게 연출할 수 있다. 단, 브로우는 지속력이 떨어지므로 틈틈이 수정해야 한다.

숱이 많은 눈썹

숱이 지나치게 많은 사람은 펜슬로 살짝 눈썹 라인을 그린 후 끈적임이 없고 빠르게 마르는 마스카라를 이용하여 정리해 주면 깔끔한 인상을 준다.

SUCCESS_21

달변가가 되려면
제스처를 잘 사용하라

▪▪▪ 사람들은 대개 제스처를 무의미하다고 생각한다. 그러나 일반적인 생각과 달리 제스처는 생각, 감정, 아이디어를 교환하는 역할을 한다. 마임은 이를 입증하는 좋은 예라고 할 수 있다.

마임은 무언극이다. 그래서 극이 끝나는 순간까지 배우는 아무 말도 하지 않는다. 그런데도 사람들은 극의 내용을 모두 이해한다. 소리는 없지만 제스처는 메시지를 명확하게 전달하는 기능이 있기 때문이다.

또한 제스처는 자신이 말하고자 하는 것을 강조하는 '따옴표' 역할을 한다. 우리 주변을 보면 제스처가 말보다 더 많은 것을 전달할 때가 있다. 정치인이 선거 유세를 하는 모습을 보라. 그들은 크고 과감한 제스처로 자신이 말하고자 하는 내용을 효과적으로 전달한다. 그들의 손동작 하나가 수십 마디의 말보다 사람들에게 더 많은 호소력을 발휘한다.

따라서 작은 제스처 하나라도 흘려 넘겨서는 안된다. 예를 들어 누군가의 우위를 점해야 할 상황에서 손바닥이 아래로 가도록 악수를 하면 상대방을 주눅들게 할 수 있다. 손바닥이 아래로 향하는 것은 '지배의 태도'를 나타내기 때문이다. 그러므로 비즈니스 자리에서 우위를 점하고 싶다면 손바닥이 아래로 향하도록 악수를 하고, 믿음과 신뢰를 나타내고 싶다면 양손으로 감싸듯 상대방의 손을 쥐는 것이 유리하다.

제스처는 생각, 감정 등을 담고 있어 이것이 전달하는 메시지를 잘 파악하면 상대방의 심리상태를 어느 정도 알 수 있다. 다음에 열거하는 제스처를 살펴보자.

- 손톱을 문다.
- 손가락을 튕긴다.
- 물건을 만지작거린다.
- 시계를 본다.
- 입술을 빤다.
- 팔을 긁는다.
- 귀를 만지작거린다.

무엇이 느껴지는가? 상대방이 불안해하고 있다는 것이 느껴지지 않는가? 이처럼 제스처는 비언어이지만 종종 말보다 더 정확한 정보를 제공한다. 그러므로 자신의 뜻을 관철하고 싶다면 상대방의 말뿐만 아니라 제스처에 주목하고 효과적으로 사용해야 한다. 제스처를 남발하거나 시기적절하게 사용하지 않으면 오히려 역효과를 불러올 수 있다.

제스처를 효과적으로 사용하는지 알기 위해서는 다른 사람의 조언을 구하거나 비디오로 촬영해 자신의 제스처를 점검하면 된다.

- 대화할 때 손동작을 얼마나 사용하는가.
- 팔이나 다리를 꼬는 버릇은 없는가.
- 눈빛이 불안하지 않은가.
- 시선 처리는 자연스러운가.

이외에도 여러 가지 질문을 던져 제스처를 너무 적게 사용하거나 효과적으로 사용하지 못하고 있다면 거울을 보고 매일 제스처 구사하는 연습을 하면 된다.

MY PROJECT

자신의 뜻을 관철시키고 싶다면 제스처를 적절히 사용하라.

제스처를 통해 나타나는 메시지

- 입을 손으로 가리는 것은 거짓말을 하고 있다는 뜻이고, 코를 만지거나 비비는 것은 자신감이 없다는 의미이다.
- 목을 문지르는 것은 어떤 문제에 대해 불확실하거나 확실히 동의하지 않음을 나타낸다.
- 듣는 사람이 만일 머리로 손을 가져간다면 지루하다는 뜻이다.
- 뒷머리를 긁적이는 것은 잘 알아듣지 못한다는 의미이다.
- 만일 고개를 바로 끄덕인다면 중립적인 태도를 나타낸다.

- 앉아 있는 자세에서 손이나 손가락을 꼬고 있다면 깊이 생각에 잠겨 있음을 의미한다.
- 고개를 아래로 기울이는 것은 상대방의 의견에 동의하지 않거나, 짜증스러움을 나타낸다.
- 집게손가락이 위쪽 방향을 향한 채 손으로 턱을 괴고 있다면 뭔가를 평가하고 있거나, 관심을 보내고 있다는 신호이다.

SUCCESS_22
호소력 있는 목소리가 자신의 가치를 높인다

▪▪▪ 사람들의 목소리는 다양하다. 이는 목소리의 높이와 굵기가 서로 다르기 때문이다. 그래서 목소리는 개성을 나타내기도 한다. 전화를 할 때 상대방이 누구인지 밝히지 않아도 알 수 있는 것은 바로 목소리가 갖는 개성 때문이다.

목소리는 그 사람의 이미지를 결정하기도 한다. 예를 들어 목소리가 근사한 사람과 통화를 하면 사람들은 대부분 상대방을 핸섬하고 멋있는 사람일 것이라고 추측한다. 목소리만으로 그 사람의 이미지를 판단하는 것이다.

목소리는 자신의 가치를 높일 수 있는 중요한 도구가 된다. 배우 한석규는 목소리를 장점화시켜 자신의 가치를 높인 대표적인 사례라 할 수 있다. 원래 성우 출신이었던 그는 목소리의 장점을 극대화시켜 이지적이면서도 부드러운 이미지를 만들어 여성들의 마음을 사로잡았다. 그는 수려한 외모는 아니지만 다른 사람의 마음을 움직이게 만드는 매력적인 목소리를 가지고 있었고, 이를 효과적으로 활용해 국민배우라는 최고의 자리에 올랐다.

이처럼 목소리는 호감을 느끼게 하는 중요한 요소가 된다. 한 연구 결과에 따르면 커뮤니케이션에 있어서 음성적인 요소는 38%를 차지한다고 한다.

목소리에 힘이 없고 리듬이 없는 여자와 액센트가 있고 깊이가 있는 여자가 발표를 한다고 하자. 똑같은 내용을 말해도 사람들은 액센트가 있고 깊이가 있는 음성에 귀를 기울이고 신뢰감을 갖는다. 설사 목소리에 힘이 없고 리듬이 없는 여자가 논리정연하게 주장을 펼친다 해도 박력 있고 깊이 있는 목소리를 가진 여자보다 설득력이 떨어진다.

호소력 있는 목소리를 가지기 위해서는 자신이 어떤 목소리를 가지고 있는지를 먼저 파악해야 한다.

자신의 목소리를 파악하려면 우선 녹음을 해서 분석하는 것이 가장 좋다. 녹음된 목소리를 들은 후 아래에 제시한 물음을 통해 소리를 분석하는 것이다.

- 내 목소리는 강도가 센가, 약한가?
- 내 목소리는 음역이 높은가, 낮은가?
- 내 목소리에는 강조가 있는가, 없는가?
- 내 목소리에는 억양이 있는가, 없는가?
- 내 목소리에는 리듬이 있는가, 없는가?

이후 자신의 이미지, 직업, 역할 등과 일치하는가를 비교한다. 만약 자신의 이미지나 직업, 역할 등과 일치하지 않는다면 자신의 목소리는

'마이너스 목소리'이다.

중후한 이미지의 한 CEO가 있다. 그런데 그는 목에서 충분히 공명을 하지 못하는 목소리를 가지고 있다. 이런 목소리는 소극적인 인상을 주어 그의 중후한 이미지를 저하시킨다.

따라서 모든 관계에서 우위를 점하고 싶다면 '나의 이미지'와 일치하는 목소리를 갖도록 노력해야 한다. 그리고 다양한 높낮이로 또렷한 목소리를 구사하는 연습을 해야 한다. 그래야 사람들의 주목을 끌고 놀라운 호소력을 발휘하는 목소리를 가질 수 있다.

MY PROJECT

자신의 의견을 관철시키고 싶다면 목소리를 바꿔라.

TIP 목소리 효과적으로 내기

- 목소리에 강조를 두라. 중요한 부분에서 강조를 하면 설득력이 높아진다.
- 목소리의 느낌에 신경 써라. 지나치게 거칠거나 뭔가 웅얼거리는 것은 답답한 느낌을 준다.
- 목소리의 강도에 주목하라. 목소리가 너무 작으면 권위나 믿음을 줄 수 없고, 너무 크면 상대방이 거리를 두려 한다.
- 말의 빠르기에 주의하라. 말을 너무 빨리 하면 상대방이 알아듣기 힘들고 너무 천천히 하면 듣는 사람이 쉽게 지친다.
- 적절하게 끊어서 쉬어라. 단문을 사용하면 강조하고 싶은 것을 효과적으로 표현할 수 있다.

SUCCESS_23

나의 성향을 파악하면
원하는 스타일이 보인다

••• PIP 중 'VI(Visual Identity : 자기 표현하기)'는 바로 '나'를 잘 표현하지 못하는 사람을 위한 단계이며 PIP의 최종 단계이다. VI는 MI(Mind Identity : 자기 바라보기)와 BI(Behavior Identity : 자기 행동하기)의 자료를 바탕으로 '보이지 않는 나'를 끌어내 '보이는 나'로 시각화하는 작업이다.

사람들은 흔히 '저건 내 스타일이야'라는 말을 많이 한다. 여기서 말하는 스타일은 자신에게 맞는 본인의 성향이 담긴 스타일을 말한다. 하지만 '난 그 연예인의 스타일을 좋아해'라는 말은 성향과 상관없이 자신이 원하는 스타일을 의미한다.

'내 성향의 스타일'과 '자신이 원하는 스타일'을 알 수 있는 방법은 각 스타일의 특성을 나열한 후 가장 많이 체크된 것을 고르면 된다. 스타일은 나누기 나름이지만 여기서는 크게 아홉 가지로 분류한다. 이것은 캐주얼, 클래식, 엘레강스, 모던의 네 가지 이미지를 세분화한 것이다.

스포티 스타일
즐거운, 열정적인, 재미있는, 빠른, 긍정적인

내추럴 스타일
편안한, 친숙한, 소박한, 여유로운, 자연스러운, 부드러운, 친근한

창조적인 스타일
예술적인, 모험적인, 자유로운, 상상력이 풍부한, 독립적인, 혁신적인, 독특한, 관습에 얽매이지 않는, 새로운

트레디셔널 스타일
비즈니스적인, 보수적인, 위엄이 있는, 일관성이 있는, 조직화된, 책임감이 있는, 믿을 만한, 정직한, 단정한

엘레강스 스타일
우아한, 세련된, 교양 있는, 차분한, 위엄이 있는, 부드러운, 절제할 수 있는, 단정한, 고급스러운, 고상한

로맨틱 스타일
보살피는, 동정심이 있는, 사려 깊은, 여성스러운, 민감한, 부드러운, 이해심이 많은, 따뜻한, 귀여운

모던 스타일
멋스러운, 현대적, 합리적, 진보적, 단아한, 군더더기 없는, 샤프한, 차가운

드라마틱 스타일
초연한, 독단적인, 대담한, 자신감 있는, 명령하는, 강렬한, 유행에 앞서는, 자기 확신이 있는, 세련된

매력적인 스타일
섹시한, 자신감이 있는, 열정적인, 감각적인, 매혹적인, 도발적인, 과감한

여기서 '내 성향의 스타일'을 알고 싶다면 '나의 특성'을 가장 잘 나타내는 형용사를 체크하면 된다. 체크된 형용사가 많은 스타일이 자신의 성향을 나타내는 스타일이다. 이와 마찬가지로 '자신이 원하는 스타일'을 알고 싶다면 되고 싶은 이미지의 형용사를 체크한다. 가장 많은 형용사가 체크된 스타일이 '자신이 원하는 스타일'이다.

이렇게 분석한 자료를 가지고 표현전략을 세워 '내 성향의 스타일'과 '자신이 원하는 스타일'을 적절하게 조화시켜 변화를 꾀하면 된다. 그러나 여기서 유의해야 할 점이 하나 있다. MI와 BI를 고려하지 않으면 안 된다.

또한 인간은 사회적 동물이기 때문에 자신의 역할, 직업 등도 고려해야 한다.

직업이 은행원인 한 남자가 있다. 그가 원하는 스타일은 창조적인 스타일이다. 그가 만약 자신이 원하는 스타일로 코디를 하고 은행에 출근을 했다고 하자. 청바지와 원색의 화려한 티셔츠를 입고 각종 액

세서리를 한 은행 직원이 고객에게 신뢰감을 줄 수 있을까.

PIP를 하는 목적은 자신뿐만 아니라 다른 사람에게까지 좋은 이미지를 주기 위함이다. 따라서 자신이 원하는 스타일을 추구하되 체형, 직업, 역할 등을 적절하게 반영해야 성공적인 스타일을 만들 수 있다.

미국 대통령 J. F. 케네디는 지나치게 귀족적인 이미지를 바꾸기 위해 청바지와 셔츠 차림의 캐주얼한 모습을 언론에 부각시켜 성공을 거두었다.

과거에는 스타일을 중시하지 않았다. 능력만 탁월하면 스타일이 어떻든 문제되지 않았다. 하지만 점점 자신만의 고유한 스타일이 성공과 결부되면서 사람들은 더 나은 스타일을 추구하게 되었고, 스타일을 통해 자신이 추구하는 목표나 메시지를 전달하고 있다. 그래서 요즘은 아무리 능력, 리더십, 추진력 등이 월등해도 스타일이 좋지 않으면 능력이 반감된다. 스타일 추구는 '능력을 더욱 부각시키기 위한 성공 전략'이다.

MY PROJECT

'자신이 원하는 스타일'과 '내 성향의 스타일'을 조화시켜 성공 스타일을 만들어라.

 TIP 직업과 연관된 이미지 연출

개인 대 다수의 비즈니스 — 주목성

교수, 강사, 정치인 등 대내외적으로 연설, 강의 등을 많이 하는 직업으로 한꺼번에 많은 사람들을 상대해야 하기 때문에 '주목성'이 이미지 키워드이다. 이런 직업을 가진 사람들은 자신을 연출할 때 이지적인 느낌을 살리면서 사람들의 이목을 집중시켜야 한다.

우선 정장은 넥타이와 셔츠를 시원하게 드러낼 수 있는 투버튼 형이 좋고 수트의 색상은 짙은 감청색 혹은 검정 계열이 효과적이다. 넥타이는 채도와 명도가 높은 붉은색 계열이 좋고, 무늬는 바탕색과 보색을 이루는 선이 굵은 스트라이프가 있는 것이 적당하다.

일반적인 비즈니스 — 신뢰성

주로 은행원, 공무원, 회사원, 임직원 등으로 강함과 부드러움이 적절한 조화를 이뤄야 한다. 이미지 키워드는 '신뢰성'이다. 그래서 신뢰를 뜻하는 블루 계열로 전체적으로 코디하는 것이 효과적이다. 특히 넥타이는 블루 계열이면서 스트라이프가 있는 것이 신뢰감을 더욱 높여 준다.

개인 대 개인의 비즈니스 — 온유성

주로 변호사, 의사, 컨설턴트 등 일대일 상담이 많고 자신의 뜻을 관철해야 하는 사람들로 이미지 키워드는 '온유성'이다. 이런 직업군은 직업 자체가 사람들에게 강한 느낌을 주는 전문직이기 때문에 강하지 않게 연출하는 것이 효과적이다.

전체적으로 비슷한 계열의 색상으로 코디하고, 특히 옅은 그레이와 옅은 블루가 편안한 이미지 연출에 효과적이다. 넥타이도 가급적이면 튀지 않는 색상이 좋고 무늬도 편안한 느낌을 주는 도트가 적당하다.

개인 그 자체가 비즈니스 — 독특성 or 독창성

연예인, 스포츠맨, 프리랜서 등 개인이 상품인 전문직 종사자들로 '독특성'이 이미지 키워드이다. 이런 직업을 가진 사람들은 다른 사람과의 차별성이 중요하므로 어느 한 곳에라도 강하게 포인트를 줘야 한다. 예를 들어 수트와 셔츠를 무난하게 입었다면 독특한 넥타이를 함으로써 차별성을 강조해야 한다.

SUCCESS_24
자신의 이미지를 결정하는
전공 필수, 전공 선택

▪▪▪ 사람들은 성공을 하기 위해 지도력, 지적 능력, 판단력, 리더십 등 능력에만 주목한다. 하지만 성공을 하기 위해서는 매력도 갖춰야 한다.

요즘 신세대를 대표하는 문화 코드라는 평을 듣는 가수 이효리를 보자. 이효리는 전형적인 미인형도 아니고 가창력이 월등하지도 않다. 하지만 그녀는 우리나라를 발칵 뒤집는 '효리 열풍'을 일으켰다. 이것은 그녀의 솔직함이 뿜어내는 인간적인 매력 때문이었다. 그녀는 기존의 여자 연예인들과 달리 자신을 솔직하게 드러내고 이를 부끄러워하지 않았다. 연예인도 일반인들과 똑같은 사람이라는 인식을 대중들에게 심어 줌으로써 큰 공감을 얻은 것이다.

이처럼 성공을 하려면 능력이 내뿜는 카리스마와 인간적인 매력이 내뿜는 부드러움이 적절히 조화를 이루어야 한다. 시소가 평행을 유지하려면 양쪽의 무게가 같아야 하듯 카리스마와 부드러움의 무게가 같아야 다른 사람들에게 안정감 있고 균형감 있는 좋은 이미지를 심어 줄 수 있다.

우리가 잘 알고 있는 국내 바이러스 백신 개발의 선두주자 안철수 사장과 휴렛팩커드(HP)의 여성 최고 CEO 칼리 피오리나는 카리스마와 부드러움을 겸비한 대표적인 성공 유형이라고 할 수 있다.

성공한 사람들은 대부분 전공 필수인 카리스마는 갖추고 있다. 한결같이 추진력, 선견력, 판단력, 친화력, 국제감각 등 모든 능력을 고루 갖춘 미래지향적인 사람들이다.

그러나 부드러운 매력을 갖춘 사람은 흔하지 않다. 이는 매력이 성공에 큰 영향을 미치지 않는다고 여기거나 이 사실을 인지하고 있으면서도 적극적으로 실천하지 않기 때문이다. 하지만 아무리 예쁜 꽃이라도 향기가 없으면 의미가 없듯 자신의 이미지에서 향기가 나지 않는 사람은 완전한 성공을 이룰 수 없다. 성공적인 이미지는 전공 필수인 카리스마(능력, 추진력, 판단력)와 전공 선택인 부드러움(인간적 배려, 세련됨, 성적 매력)을 얼마나 적절하게 사용하는가에 의해 결정된다.

부드러움을 얻으려면 사람을 향한 열정, 사람에 대한 배려, 사람에 대한 관심과 사랑을 가져야 한다. 부드러움은 대상을 진심으로 생각하는 마음에서 비롯된다.

대다수 사람들은 성공을 하려면 냉혹해야 한다고 생각한다. 하지만 성공지향주의는 오히려 주위 사람들의 반감을 사서 성공을 방해하는 장애가 된다. 요즘은 사람들의 '감성'을 자극하지 못하면 성공할 수 없다.

어느 날 냉혹하고 완벽하게만 보이던 직장 상사가 작은 화분에 물을 주고 있다고 상상해 보라. 그것을 바라보는 직원들의 느낌이 어떠하겠는가?

 따라서 자신이 원하고자 하는 곳에 도달하고 싶다면 가끔은 어리숙하게 보여라. 그리고 섹스어필을 하라. 사람들은 완벽한 사람보다 약간 허술한 사람에게, 무미건조한 사람보다는 성적 감흥을 주는 사람에게 호감을 갖는다.

MY PROJECT

성공하려면 인간적인 매력을 부각시켜라.

TIP 강함과 부드러움을 겸비한 콘돌리자 라이스

콘돌리자 라이스는 유색인종에 대한 반감이 심한 미국 남부 버밍햄에서 태어나 미국 역사상 최초로 흑인 여성 안보보좌관이 된 인물이다. 그녀는 도널드 럼스펠드, 콜린 파월 등 쟁쟁한 남성 정치인들의 의견을 조율하며 부시 행정부의 중요한 역할을 담당하고 있다.

그녀는 오랫동안 어깨 부근에서 머리끝이 안쪽으로 말려 올라가는 보수적인 단발머리 스타일을 고수해 왔다. 이 스타일은 대통령의 뒤에서 외교정책을 드러나지 않게 보좌하는 그녀의 직책에 어울렸다.

그러나 최근 그녀는 앞머리를 이마 위로 내리고 머리 끝부분이 바깥으로 치켜올라가는 스타일로 바꾸어 활기차고 부드러운 이미지 연출을 시도했다. 쉽게 눈치채지 못할 만큼의 변화이지만 그녀는 자신의 직책에 어긋나지 않으면서 여성적인 매력을 발산하여 강인함과 부드러움을 겸비한 유능한 정치인 이미지를 효과적으로 드러내고 있다.

SUCCESS_25

나를 돋보이게 하는
컬러가 있다

••• 북한 김정일 국방위원장의 옷차림은 한결 같다. 일명 '국방색'이라고 불리는 누런 빛깔을 띠는 푸른색의 옷을 입는다. 어떻게 보면 시대에 뒤떨어지는 패션이지만 그렇게 촌스럽게 느껴지지 않는다. 그에게 잘 어울릴 뿐만 아니라 국가의 원수가 갖춰야 할 필수요건인 카리스마를 느끼게 한다. 이처럼 국방색은 그의 트레이드 마크가 되어 그의 이미지를 효과적으로 부각시키고 있다.

세계적인 톱 디자이너들에게는 시류와 상관없이 자신만의 고유한 색깔이 있다. 조르지오 아르마니는 패션쇼가 끝나면 항상 검은색 티셔츠에 청바지를 입고 관객들에게 답례한다. 그리고 앙드레 김은 언제나 흰옷을 입는다.

이처럼 컬러는 한 사람의 이미지를 결정하는 데 중요한 역할을 한다. 따라서 상대방에게 좋은 이미지를 심어 줄 수 있는 자신의 컬러를 찾는 작업은 매우 중요하다.

옷가게 주인들이 손님에게 많이 사용하는 말 중 하나가 '손님한테는 이 색이 더 잘 어울려요'라는 말일 것이다. 사람은 누구나 자신에게 잘 어울리는 '나만의 색'이 있다. 일란성 쌍둥이가 노란색 옷을 입어도 어울리는 쪽이 있고 어울리지 않는 쪽이 있듯 자신에게 어울리는 색은 저마다 다르다.

피부, 머리, 눈 등이 어떤 색을 띠느냐에 따라 자신에게 어울리는 색이 결정된다. 그래서 자신의 피부색과 맞는 컬러의 옷을 고르면 피부톤, 머리 색상, 눈 색이 밝게 빛나 보인다.

많은 사람들이 '좋아하는 컬러'와 '어울리는 컬러'를 혼동하는 경우가 많다. 하지만 '좋아하는 컬러'와 '어울리는 컬러'는 서로 다르다. 자신이 좋아하는 색깔의 옷을 입는다고 해서 자신에게 어울리는 것은 아니다. 그래서 옷을 구입할 때 자신이 좋아하는 컬러를 구입하면 실패할 확률이 높다.

나에게 어울리는 컬러 타입을 파악하기 위해서는 먼저 자신의 컬러가 따뜻한 색인지 차가운 색인지 분석한다. 따뜻한 느낌을 주는 대표적인 색, 골드와 브라운색을 얼굴에 대보았을 때 자신의 컬러가 따뜻한 사람은 피부톤이 빛나고 안정감 있게 보이는 반면, 컬러가 차가운 색인 사람은 얼굴이 흐릿하고 처져 보인다. 차가운 색은 실버와 블랙으로 분석해 본다.

다음에는 따뜻한 색과 차가운 색을 좀더 구체적으로 분석해야 한다. 자신의 컬러가 따뜻한 색인 사람은 노란 기운이 도는 밝은 피부톤을 가진 사람으로 노란색, 복숭아색, 오렌지색, 카멜색, 진한 초콜릿색, 금색이 어울린다.

반면 자신의 컬러가 차가운 색인 사람은 푸른 기운이 도는 어두운 피부톤을 가진 사람으로 파란색, 핑크, 중간 회색, 검정색, 은색이 어울린다.

다음 단계에서는 계절 컬러를 분석한다. 이전 단계에서 자신의 컬러가 차가운 사람은 여름과 겨울의 색을 분석하고, 자신의 컬러가 따뜻한 사람은 봄과 가을의 색을 분석한다. 계절 컬러의 특징은 다음과 같다.

봄 컬러는 밝고 맑고 짙다. 이런 특징을 가진 색에는 피치 파스텔, 살몬, 밀(곡물)색, 따뜻한 회색, 금색, 터키석의 청록색, 진한 파란색 등이 있다.

여름 컬러는 반투명하고 약간 파란색의 기운이 돈다. 진한 자주색, 핑크색, 회색, 보라색, 은색, 모과색 나는 핑크색 등이 이에 속한다.

가을 컬러는 노란 기운과 따뜻한 기운이 많다. 이 색에는 자두색, 토마토색, 곡물색, 짙은 고동색, 에메랄드 그린, 금색, 올리브 그린 등이 있다.

겨울 컬러는 맑고 자극적이고 강하다. 차가운 핑크, 체리 레드, 회색, 검정, 로얄 블루, 로얄 퍼플, 은색, 코발트 블루 등이 있다.

MY PROJECT

멋쟁이가 되고 싶다면 '나의 컬러'를 찾아라.

 **컬러가 주는 이미지**

내추럴한 이미지
아이보리, 베이지색 등 내추럴 컬러는 상대방에게 부드러움과 친근감을

느끼게 한다.

엘레강스한 이미지
회색, 오렌지, 퍼플색 등 부드럽고 고급스러운 컬러는 우아하고 기품있는 인상을 준다.

캐주얼한 이미지
빨강, 노랑, 파랑 등 화려한 원색은 자유분방하고 역동적이며 밝은 이미지를 심어 준다.

모던한 이미지
은색, 검정 등 차가운 계열의 색깔은 도회적인 느낌과 진취적이고 개성적인 이미지를 느끼게 한다.

SUCCESS_26
체형을 입체적으로 파악하라

■■■ '당신의 신체치수는 어떻게 됩니까?' 라고 물으면 대다수의 사람들은 이 질문에 정확하게 대답한다. 그러나 '당신의 체형은 어떤 형입니까?' 라고 물으면 쉽게 대답을 하지 못한다.

이처럼 사람들은 자신의 신체치수는 잘 알면서 자신의 체형에 대해서는 잘 알지 못하는 경향이 있는데, 자신에게 잘 어울리는 옷은 신체치수보다는 체형에 의해 크게 좌우되기 때문에 체형을 잘 파악해야 한다.

필자가 컨설팅한 사람 중 저명한 여성 정치인 P씨는 수려한 외모와 바른 체형을 가지고 있는 사람이었다. 하지만 엉덩이가 뒤로 돌출한 체형으로 코디를 할 때 세심한 주의가 필요한 유형이었다.

그런데 그녀는 자신의 체형을 고려하지 않고 주름치마 등을 입어 엉덩이가 더욱 강조되어 보였다. 그래서 나는 튀어나온 엉덩이를 커버할 수 있도록 상의는 엉덩이를 충분히 가릴 수 있는 것을 입도록 권하고,

또한 가슴부터 아래로 내려갈수록 넓게 퍼지는 A라인 스커트, 랩 스커트를 추천하였다. 이후 그녀는 사람들로부터 옷 잘 입는 정치인이라는 평가를 듣게 되었다.

이처럼 자신의 체형을 파악하면 신체적인 결점은 감추고 장점은 살리는, 자신에게 가장 잘 어울리는 디자인의 옷을 선택할 수 있어 패션 감각이 뛰어나다는 말을 들을 수 있다.

그러나 자신의 체형을 육안으로 파악하기란 쉽지 않다. 설사 다른 사람이 조언을 해준다고 해도 이는 정확하지 않다. 따라서 자신의 체형을 정확하게 분석하려면 다음과 같은 방법을 사용한다.

- 키, 몸무게, 가슴 둘레, 허리 둘레 등 인체 치수를 직접 측정한다.
- 디지털 카메라를 이용한 자신의 정면과 측면 사진을 촬영한다.
- 직접 측정한 인체 치수와 정면과 측면 사진을 가지고 어깨 너비, 가슴 둘레 등 자신의 인체를 상세히 분석한다.

이와 같은 방법으로 체형을 파악하여 신체적인 결점을 보완하는 옷을 구입하고 이를 적절하게 코디하면 언제나 사람들의 주목을 끄는 패션 리더가 될 수 있다.

체형은 크게 H, A, X, Y형 네 가지로 나뉜다.

H형(직사각형) ― 전체적인 볼륨감 더해줘도 좋아

허리 너비, 어깨 너비, 엉덩이 너비가 그다지 차이가 나지 않는 형으로 밋밋하고 몸의 곡선이 두드러지지 않는다. 하지만 어깨와 허리, 엉덩이의 너비가 비슷하여 전체적으로 몸매가 균형감이 있다.

그래서 H형 중에 마른 사람은 어느 부위를 강조해도 무방하다. 자신 있는 부위에 시선이 끌리게 하여 전체적으로 볼륨감을 더해 주면 된다. 하지만 뚱뚱한 경우는 허리를 강조하는 것을 피하고 대신 상체나 하체를 두드러지게 해야 한다. 또한 어깨 부분에 약간의 볼륨을 주면 허리가 더욱 가늘어 보이고, 얼굴 부분을 강조하면 그쪽으로 시선이 분산되어 상대방에게 뚱뚱하다는 느낌을 주지 않는다.

A형(삼각형) — 부드럽고 느슨한 코디가 효과적

어깨 너비가 엉덩이 너비보다 좁고, 하체가 상체에 비하여 크다. 이 체형은 하체를 최소화하는 대신 상체를 강조해야 한다. 어깨 부위에 세부적인 디자인으로 풍만한 느낌을 살리고, 상체 부분에 볼륨감을 더해 주면 균형감 있게 보인다. 여기에 허리 아래 부분을 부드럽고 느슨하게 코디해 주면 더욱 효과적이다.

Y형(역삼각형) — 상체는 자연감, 하체는 볼륨감 강조

어깨가 매우 넓을 뿐만 아니라 엉덩이가 허리보다 약간 넓다. 이 체형은 상체를 최소화하는 대신 하체를 커보이게 해야 한다. 세부적인 디자인으로 허리 아래 부분에 볼륨감을 더해 주고, 상체 쪽은 자연스럽게 흘러내리듯 입으면 좋다.

X형(모래시계형) — 얼굴 쪽 시선 끌게 해야

허리 너비에 비하여 어깨 너비와 엉덩이 너비가 넓다. 이 체형은 전체적으로 몸매가 균형감 있게 보이나 지나치게 상체와 어깨가 강조되어 보인다. 그러므로 상체와 엉덩이의 풍만함을 최소화하면서 얼굴 쪽으로 시선이 끌리도록 해야 한다. 또한 허리 부분에 볼륨감을 주되 전체적으로 부드럽고 느슨한 느낌이 들도록 해야 한다.

이외에도 유난히 짧은 허리, 긴 허리를 가진 형이 있다.

짧은 허리형 — 전체적으로 수평적인 디자인이 좋아

등 길이가 짧거나, 허리 위치가 높거나, 하체와 다리가 긴 경우로 허리 선과 엉덩이 선을 낮추고 하체를 강조해야 한다. 상의는 수직적인 디자인을 입어 주어 길게 보이도록 하고 가급적 단절감을 주지 않는, 허리 없는 드레스와 코트가 효과적이며 벨트도 상의에 맞춰 주면 좋다. 스커트와 바지는 수평적인 디자인을 택하면 하체가 짧아 보여 허리가 길어 보인다.

긴 허리형 — 시선을 분산시켜 줘야

허리와 상체가 긴 데 반해 하체와 다리가 짧기 때문에 상체를 강조해야 한다. 목선과 허리에 세부적인 디자인을 하여 시선을 분산시키고, 상의는 수평적인 디자인을 택하여 허리 선 위치를 높인다. 대신 스커트와 바지는 수직적인 디자인을 택하여 하체를 길어 보이게 만들고, 여기에 벨트를 해주면 다리가 더욱 길어 보인다.

MY PROJECT

패션 리더가 되려면 자신의 체형을 과학적이고 입체적으로 분석하라.

체형별 샐러리맨 코디법

키가 작은 체형
키가 작은 사람은 수직으로 뻗은 세로 줄무늬의 옷이 좋다. 특히 간격이 넓은 세로 줄무늬는 키가 커보이는 효과가 크다. 또한 전체적으로 색을 통일시키면 키가 커보인다. 상의부터 양말까지 동일 계열의 색상으로 코디를 하면 훤칠해 보이는 반면 체크무늬 옷과 바지 단에 커프스가 있는 것은 키가 작아 보이게 하므로 삼가해야 한다.

키가 작고 살찐 체형
이 체형은 잘못 선택하면 가벼운 이미지를 줄 수 있으므로 색을 고를 때 특히 유의해야 한다. 수트와 셔츠는 같은 계열의 색상으로 통일을 하되 가급적 어두운 컬러가 좋으며, 옷감은 얇고 가벼운 것이 좋다. 넥타이는 튀지 않는 스트라이프가 좋다. 그러나 바지와 재킷의 강한 보색대비는 단절된 느낌을 주어 키가 작아 보이게 하므로 피한다.

키가 작고 마른 체형
키가 커보이도록 상의와 하의를 동일한 색으로 입고, 헐렁한 옷은 말라 보이므로 가급적 피한다. 또한 여러 색보다는 단색이 좋고 복잡한 무늬보다는 잔잔한 무늬가 고급스러워 보인다. 그리고 진한 색의 양복은 더 말라 보이므로 되도록 피하고, 상의가 너무 길면 키가 작아 보이므로 이도 삼가는 것이 좋다.

키가 크고 마른 체형
마른 체형은 옷을 헐렁하게 입으면 더 말라 보이므로 피하고, 마른 체형을 보완하기 위해 옷감은 두꺼운 것이 좋다. 여기에 조끼를 입으면 마른 체형을 더욱 효과적으로 보완할 수 있다. 또한 바지는 통이 넉넉하고 길이는 길지도 짧지도 않은 것이 좋다. 하지만 세로 줄무늬는 키가 커보이는 효과가 있으므로 되도록 삼간다.

키가 크고 살찐 형

가급적 몸을 날씬하게 보이게 만드는 효과가 뛰어난 짙은 색을 입고, 허리 부분이 들어가지 않는 옷이 좋다. 대개 세로줄 무늬는 키가 커보이지만 특히 간격이 좁은 세로줄은 더욱 날씬하게 보이므로 살찐 체형을 보완하는 데 효과적이다. 바지는 발목으로 내려갈수록 좁아지는 것이 좋고, 넥타이는 시선을 분산시킬 수 있는 선명한 컬러가 효과적이다.

MI	자기|바라보기
	MIND identity
삶의 터닝포인트	
삶의 터닝포인트가 필요하다고 느끼십니까	당신의 현재 나이는 몇 살입니까
나만의 터닝포인트가 온다면	당신의 삶의 터닝포인트는 언제입니까
	왜 그때라고 생각합니까

	0세	10세	20세	30세
시 기 keyword				
삶의 모습				

삶에서

가장 낭비한 시기는

방황했던 시기는

안정의 시기는

성공의 시기는

만족의 시기는

자랑스러웠던 시기는

제1의 터닝포인트는 언제입니까

제2의 터닝포인트는 언제입니까

30세　　　　40세　　　　50세　　　　60세　　　　70세

MI	자기바라보기
	MIND identity
삶의 터닝포인트	
10대는 방황의 시기 20대는 희망의 시기 30대는 발전의 시기	자신의 삶을 설계해 보세요

	세	세	세	세
시 기 keyword				
삶의 모습				

세	세	세	세	세

PART 3

ACCESS_MY PROJECT_

나 표현하기 프로젝트 실전_

SUCCESS_27

세상에는
세 가지 유형의 사람이 있다

▪▪▪ 세상에는 세 가지 유형의 사람이 있다. 내면은 완벽한데 외면이 별로인 사람, 외면은 완벽한데 내면이 부족한 사람, 외면과 내면이 일치하는 사람 등이다. 이중에서 외면과 내면이 일치하는 사람을 제외한 두 가지 유형은 모두 PIP를 통해 나를 변화시켜야 할 필요성이 있는 사람들이다.

외면은 완벽한데 내면은 볼품없는 사람의 가장 큰 특징은 외면과 내면의 착각지수가 크다는 것이다. '자신이 바라보는 나'와 '남이 보는 나'와의 착각지수뿐만 아니라 '보이지 않는 나'와 '보이는 나'도 큰 차이를 보여 PIP가 가장 절실하게 필요한 형이다.

이 유형은 겉모습은 완벽하기 때문에 처음에는 대부분의 사람들이 호감을 갖는다. 그러나 시간이 지날수록 그 진면목이 드러나 '속았다'는 느낌을 준다. 무엇보다 이 형은 내면이 부족한 자신을 인정하지 않기 때문에 '나'를 변화시키는 데 가장 까다롭고 힘든 타입이라고 할 수 있다.

완전한 '나'의 변화는 자신을 있는 그대로 인정하는 데서부터 시작한다. 따라서 외면은 완벽한데 내면이 부족한 사람이 '나'를 변화시키려면 먼저 자신의 꼬라지를 그대로 인정하는 연습을 해야 한다. 또한 마음의 여유를 가지고 자기 자신에 대해 진지하게 성찰해야 한다. 성공지향주의자들에게서 이 유형을 흔히 볼 수 있는데, 그 이유는 자신을 돌아볼 여유 없이 산 경우가 비일비재하기 때문이다. 앞을 향해 내달았던 삶의 빠르기를 한 템포 느리게 하고 마음의 문을 열어 다른 사람의 조언을 겸허히 받아들여야 한다. 여기에 다른 사람을 배려하고, 사랑하는 마음으로 말을 절제하고, 상대방의 얘기에 귀를 기울인다면 내면과 외면이 일치되어 삶이 더욱 충만해진다.

내면은 완벽한데 외면이 부족한 사람은 자기를 드러내는 일을 하찮게 여기거나 자기표현에 서투른 사람들이다. 우리는 주위에서 '저 사람은 첫 이미지와 달리 보면 볼수록 괜찮네'라는 느낌을 주는 사람들을 종종 보게 된다. 이 유형은 대부분 내면은 나무랄 데 없는데 외면에서 호감을 주지 못해 첫인상에서 마이너스 점수를 받는 경우가 많다. 결국 시간이 지나면 사람들의 호감을 얻게 되지만 요즘과 같이 스피드한 이미지 시대에는 성공에 큰 걸림돌이 된다.

두 남자가 면접을 보러 갔다. 한 남자는 능력, 학벌, 성격 등 어디 하나 나무랄 데 없지만 이미지가 나쁘고 한 남자는 능력, 성격 등은 떨어지지만 비주얼이 좋다. 이중에서 어떤 사람이 합격할 확률이 높을까?

단순하게 생각하기에는 능력이 뛰어난 사람이 합격할 가능성이 높다고 여기기 쉬우나 비주얼이 뛰어난 사람이 합격할 확률이 높다. 면접의 당락 여부는 그 사람의 됨됨이와 자질도 중요하지만 외적인 호감도가 당락을 결정하는 경우가 많기 때문이다. 면접을 보는 그 짧은 순간에 면접관에게 호감을 주지 못하면 소용이 없다.

따라서 내면은 완벽한데 외면이 부족한 사람들은 완벽한 내면을 끄집어내어 효과적으로 드러내는 연습을 해야 한다. '외적인 모습을 중시하는 사람은 생각이 없는 사람이다', '난 이런 건 잘 못하는데'라는 편견을 버리고 자신을 적극적으로 이미지화해야 한다.

모든 사물이 정확하게 좌우대칭을 이뤄야 안정감이 느껴지듯 사람 또한 내면과 외면이 일치해야 안정감 있고 균형감 있게 보인다.

MY PROJECT

'나'의 내면과 외면을 일치시켜 성공 이미지를 만들어라.

 성공한 사람들의 네 가지 유형

도넛형
주변머리만 있고 핵심이 없어 가까운 곳에서 인정받지 못하는 사람

속이 빈 찐빵형
겉으로 보기에는 완벽해 보이지만 시간이 갈수록 신뢰받지 못하는 사람

속이 꽉찬 찐빵형
외부에서나 가정에서나 인정받는 사람

붕어빵형
주어진 여건 속에서 스스로 만족하는 사람

SUCCESS_28
거울을 안 보는 사람

•••• "거울아, 거울아. 이 세상에서 누가 제일 예쁘니?"

"왕비님도 아름다우시지만 백설공주님이 이 세상에서 가장 아름답습니다."

백설공주에 등장하는 왕비의 거울은 항상 백설공주가 세상에서 가장 예쁘다고 대답한다. 정말 백설공주의 모습이 왕비의 모습보다 아름다웠을까? 혹시 왕비의 거울은 내면의 모습만 투영하는 거울은 아니었을까?

이와 같은 가능성은 충분히 있다. 분명 질투심 많은 왕비는 거울의 말을 듣고 백설공주보다 아름다워지기 위해 자신을 꾸미는 일을 게을리 하지 않았을 것이다. 그런데도 왕비의 거울은 항상 백설공주가 가장 아름답다고 대답한다. 물론 왕비가 백설공주보다 외적으로 아름답지 않았을 수도 있지만, 내면을 비추는 거울이었기 때문에 소용이 없었을 수도 있다.

과거에는 외면보다 내면을 중시했다. 그래서 대부분의 옛이야기에는 심성이 고운 사람이 복을 받아 성공하고 악한 사람은 벌을 받았다. 하지만 요즘에는 이런 얘기가 통하지 않는다. '보이는 나'도 '보이지 않는 나' 만큼 중요하게 여겨지고 있다.

CEO 특강에서 만난 화장품 회사의 J사장은 이런 대표적인 경우라 할 수 있다. J사장과 처음 대면하는 순간 화장품 회사 사장이라기보다는 시골에서 막 상경한 아저씨처럼 보였다. 셔츠는 느슨하게 입고, 넥타이는 한쪽으로 비뚤어져 있었으며, 특히 수트와 넥타이의 색상이 조화를 이루지 못해 한 기업을 대표하는 사장의 이미지를 주지 못했다.

그런데 대화를 나누면서 첫인상의 편견은 완전히 사라지고 말았다. 시간이 지날수록 그의 내면에 숨어 있는 열정과 솔직함을 발견할 수 있었고, 그로 인해 강한 신뢰감과 호감을 느꼈다.

J사장은 성격이 밝고, 아이디어가 풍부하며, 민첩하고, 독창적이며, 다방면에 관심과 재능이 많은 유형이었지만 이를 효과적으로 부각시키지 못하고 있었다. 그래서 나는 첫인상에서 호감을 느낄 수 있도록 J사장의 메말라 보이고 여유가 없어 보이는 느낌을 보완하고, 솔직담백하고 창조적인 자질을 끌어낼 수 있는 전략에 중점을 두었다. 이미지 구축을 위한 총체적인 PI를 실시하여 비즈니스적이고 고리타분한 현재 스타일을 현대적이고 진보적이며 감각적인 모던 크레이티브 스타일로 변신을 시도하였다.

자신의 개성이 드러나게끔 헤어스타일을 짧게 하고, 셔츠와 넥타이도 강한 색상이나 무늬를 착용하게 하여 독창적인 느낌을 살렸다. 또한 허리와 엉덩이 부위가 굵은 편이라 모던 크레이티브한 스타일이 잘 어울리도록 운동을 권유하였으며, 정장도 세련된 느낌이 나는 검은색과 짙은 브라운색을 추천하였다. 그 결과 J사장은 완벽한 내면도 표현하면서 화장품 업계의 사장님다운 이미지도 구축하여 다른 사람과의 커뮤니케이션에서 자신감을 갖게 되었다.

이처럼 요즘은 자신을 효과적으로 PR하지 않으면 성공할 수 없다. 동화 속에 나오는 주인공처럼 자신을 이미지화하는 노력 없이 무조건 착하게 살고 다소곳이 기다리면 성공할 수 있는 시대는 지났다. 이제는 자신을 적극적으로 이미지화시켜 자신의 가치를 높여야만 목표에 도달할 수 있다.

그러나 아직까지 자신을 이미지화하는 일의 중요성을 인식하지 못했거나 귀찮게 생각하는 사람이 많다. 자수성가한 사람들은 이를 입증하는 대표적인 예라고 할 수 있다. 맨주먹으로 성공한 중소기업의 사장들을 보라.

대부분의 그들은 누가 사장이고 누가 직원인지 모를 만큼 자신을 이미지화하는 작업에 소홀하다. 물론 '진솔하고 권위 없는 사장'이라는 이미지를 심어 줄 수 있지만 한 조직의 리더는 그 역할에 맞는 이미지를 지녀야 한다. 특히 대외적인 관점으로 봤을 때 사장의 이미지는 곧 기업의 이미지이므로 이미지 관리에 더욱 주력해야 한다. 자칫하면 성공의 결정적인 역할을 했던 '뚝심'이 변화를 달가워하지 않는 비융통성으로 인식될 수 있다.

이제는 과거와 달리 성공하려면 '껍데기는 쓸데없는 것', '누가 봐주는 사람도 없는데'라는 편견을 버리고 적극적으로 이미지화시켜야 한다. 요즘은 자신의 외적인 모습에 신경 쓰지 않는 사람을 보고 '주관이 뚜렷하고 자신만의 세계가 공고한 사람'이라 여기지 않고 '게으

르고 능력 없는 사람'으로 생각한다.

그러나 자신을 드러내는 것에 신경 쓰지 않던 사람들이 갑자기 '나'를 효과적으로 이미지화하기란 여간 힘든 일이 아니다. 이미지화하는 데 서툴고 문외한인 사람이 실천할 수 있는 구체적인 방법에는 다음과 같은 것들이 있다.

- 생각을 전환하라. '나'를 효과적으로 표현하기 위해서는 이미지를 하찮게 여기는 편견을 버려야 한다.
- 거울을 자주 봐라. 평소 거울을 보고 자신의 모습을 체크하고 수정하는 습관을 들여야 자신을 긍정적으로 변화시킬 수 있다.
- 얼굴 주위부터 변화를 시도하라. 사람의 시선이 먼저 닿는 곳이 얼굴이기 때문에 메이크업, 헤어스타일, 안경 등에 작은 변화만 줘도 큰 효과를 얻을 수 있다.
- 옷 스타일을 바꿔라. 옷은 날개라는 말처럼 어떤 옷을 입느냐에 따라 사람의 이미지는 크게 달라진다.
- 이미지화 작업에 도움이 되는 잡지나 자료를 자주 봐라. '아는 만큼 보인다'는 말이 있듯이 참고 될 만한 자료를 많이 볼수록 자신에게 가장 잘 어울리는 이미지를 빨리 찾을 수 있다.
- 이미지화하는 데 뛰어난 사람의 조언을 구하라. 쇼핑할 때나 헤어숍에 갈 때 이미지화에 능한 사람과 동행을 하면 많은 효과를 얻을 수 있다.
- 디스플레이 된 옷을 구입하라. 자신에게 조언을 해줄 사람이 없다면 가게에 디스플레이 된 옷을 구입하면 실패할 확률이 적다. 디스플레이는 구매자의 이목을 집중시키는 것이 목적이기 때문에 가장 어울리게 코디한 것이다.
- 포인트를 주라. 가장 자신 있는 부분을 부각시키면 사람들에게 강한 인상을

준다. 만약 자신을 부각시킬 만한 장점이 없다면 손톱에라도 포인트를 주라.

성공한 사람들을 보면 이미지 관리에 많은 비용과 시간을 아끼지 않는다. 이는 과거보다 경제적 여유가 많이 생겨서가 아니라 자신을 표현하는 것이 얼마나 긍정적인 효과를 불러오는지 수많은 경험을 통해 인식했기 때문이다.

MY PROJECT

성공하고 싶다면 자기를 표현하는 일에 아낌없는 시간과 비용을 투자하라.

 옷 잘 입기 위한 전략

- 옷을 진심으로 좋아하고 관심을 가져라.
- 트렌드를 맞춰라.
- 명품과 시장의 옷을 적절하게 활용하라.
- 상황과 격식에 맞게 옷을 입어라.
- 지나친 노출은 하지 마라.
- 베이직한 옷에 맞는 액세서리를 갖춰라.

SUCCESS_29

앙꼬 없는 찐빵 같은 사람

▪▪▪ 추운 겨울이 되면 어김없이 등장하는 것이 바로 따끈한 찐빵이다. 한번쯤은 추운 겨울날 길을 가다가 먹음직스러워 보이는 찐빵을 사먹은 경험이 있을 것이다. 그런데 반지르르한 겉과 달리 찐빵에 달콤한 단팥이 조금밖에 들어 있지 않은 경우가 종종 있다. 그때 기분이 어땠는가? 허탈하면서 속았다는 불쾌감이 들었을 것이다.

사람도 마찬가지다. 겉모습은 나무랄 데 없이 완벽한데 내면이 별로인 사람도 같은 느낌을 준다. 그래서 외면은 완벽한데 내면이 형편없는 사람을 '앙꼬 없는 찐빵' 같은 사람이라고 부른다.

이 유형은 '보이지 않는 나'와 '보이는 나'의 착각지수가 크다. 또한 부족한 내면을 가진 자신을 그대로 인정하지 않고 그럴싸하게 포장하려고 들기 때문에 반드시 PIP가 필요하다.

아돌프 히틀러는 앙꼬 없는 찐빵의 가장 대표적인 유형이라고 할 수 있다. 그는 뛰어난 리더십과 능수능란한 언변으로 겉보기에는 리더로서의 충분한 자격을 갖추고 있었다. 하지만 그의 내면은 인간이 마땅히 지녀야 할 기본 도리조차 갖추지 못하고 있었다. 자신의 권세와 사적인 감정을 위해 독일 국민들을 전쟁으로 내몰고, 민족공동체 건설, 독일 재건이라는 명분을 만들어 유대인과 슬라브족을 잔혹하게 학살했다.

이처럼 그는 자신의 단점을 능수능란한 언변으로 감쪽같이 속이고, 국민들의 감성에 호소하기 위해 거짓말을 서슴없이 하는, 내면이 부족한 사람이었다.

이 유형의 가장 큰 문제점은 '유아독존(唯我獨尊)형' 이라는 것이다. 세상에 자신밖에 존재하지 않는다는 식의 안하무인적인 사고로 다른 사람의 희생을 당연하게 생각하고 이를 고맙게 여기지 않는다. 또한 이들은 성공지향주의적인 성향이 강해 성공을 위해서는 물불을 가리지 않는다. 결국 사람들에게 '내가 생각하던 사람이 아니야' 라는 부정적인 인식을 심어 주게 되어 외면을 받는다.

내면을 충만하게 하는 일은 쉽지 않지만 불가능하지도 않다. 다음에 제시하는 방법을 꾸준히 실천하면 충분히 내면을 성숙시킬 수 있다.

- '나' 와의 시간을 많이 가져라. 자투리 시간을 활용하여 자신을 분석하는 훈련을 틈틈이 하면 내적으로 충만해진다.
- 내적 수양을 하라. 요가, 명상 등을 하면 마음이 평온해진다.
- 마음의 휴식을 취하라. 클래식, 경음악, 재즈 등은 조급한 마음에 휴식을 준다.
- 강박관념을 버려라. 성공에 대해 과도한 집착을 버리면 넓은 시야를 갖게 된다.

- 느림의 미학을 추구하라. 삶의 템포를 늦추면 마음이 여유로워진다.
- 내면을 충만하게 하는 정보를 많이 접하라. 양서 등을 많이 접하면 내적 수양에 도움이 된다.
- 절제하라. 이 유형은 쓸데없고 어수선하게 만드는 요소가 많다. 따라서 말은 가급적 삼가고 강렬한 패션 및 액세서리 등 자신을 부각시키는 것을 피하는 작업이 필요하다.
- 가슴에서 나오는 대화를 하라. 진심에서 우러나오는 대화를 꾸준히 연습하면 다른 사람에 대한 배려심이 생긴다.

MY PROJECT

다른 사람에게 인정받고 싶다면 내면을 꽉 채워 외면과 일치시켜라.

 TIP 긴장을 완화시켜 주는 음악

클래식
- 라흐마니노프 - vocalise 첼로곡
- 바흐 - air from orchestral suite #3
- 크라이슬러 - schon rosmarin
- 쇼팽 - nocturn

팝송
- 스팅 - shape or my heart
- 케니 로저스 - till I make it on my own
- 브라이언 맥나잇 - one last
- 크라이 익스트리미 - when I first kissed you

가요
- 윤상 – 사랑이란, 이사
- 김현철 – 춘천 가는 기차
- 우리동네 사람들 – 미안해

SUCCESS_30

걷는 것에도
자신감이 필요한 사람

■■■ 사람들은 대개 열등감이 자신을 둘러싼 환경에서 비롯된다고 생각한다. 나보다 월등한 경제적 능력, 학력, 지위 등을 갖춘 사람들 때문에 자연스럽게 자신감을 상실하게 된다고 여긴다. 하지만 좀더 깊이 들여다보면 열등감은 외부의 환경에 의해서라기보다는 자신을 하찮게 여기고 다른 존재와 끊임없이 비교하는 '나'로부터 시작된다. 물론 외부 환경에 의해 자신감을 상실하는 경우도 있다.

 필자가 가르치던 제자 중에도 이런 케이스가 있었다. 그녀는 항상 침울하고 자신감이 없는 학생이었다. 그런 그녀가 어느 날 필자를 찾아와 자퇴를 하고 싶다고 말했다. 필자는 그녀에게 더 시간을 두고 생각해 보자며 달래서 돌려보낸 후 그녀의 부모님에게 면담을 요청했다. 자신감이 없는 학생들의 경우 대부분 억압적인 가정환경에서 자란 경우가 많기 때문이다. 면담 결과 그녀의 아버지는 매우 엄한 사람이었고, 그녀는 아버지가 무서워 자신의 의견이나 감정을 제대로 표현하지 못하고 자랐다.

그녀의 부모는 딸이 학교를 무사히 졸업하기를 바랐다. 하지만 이는 근원적인 문제를 해결할 수 있는 방법이 아니었기 때문에 필자는 그들에게 그녀를 유학 보낼 것을 권했다. 다행히 그들은 재정적으로 여유가 있었고 그녀는 유학을 가게 되었다. 그 결과 3년이 지난 후 그녀는 당당하고 자신감 있는 모습으로 우리나라로 돌아왔다. 무서운 아버지로부터 떨어져 살게 되고 서툴면 주눅 들게 하는 우리나라 사회 시스템을 벗어나면서 그녀는 자신감을 회복하게 된 것이다.

하지만 이런 경우 외에는 대부분 자신을 하찮게 생각하거나 다른 사람과 비교하기 때문에 발생한다.

우리는 주위에서 의기소침한 사람들을 자주 목격한다. 그들은 대개 자기 목소리, 행동, 표현을 제대로 하지 못하고 남들이 하는 대로 끌려다닌다.

이들 대부분의 마음속에는 자신의 의기소침한 면을 극복하고 싶은 마음과 자신감있게 행동하는 사람들을 동경하는 마음이 간절하지만 뜻대로 잘되지 않을 뿐만 아니라 그럴 만한 용기도 없다.

이 유형의 사람들은 '보이지 않는 나'에게 자부심을 심어 주어 '보이는 나'를 적극적으로 표현하는 연습을 하지 않으면 자신감을 가질 수 없다.

올브라이트 전 미 국무장관은 못생기고 매서운 얼굴을 가진, 여성으로서 매력이라고는 찾을 수 없는 외모를 가지고 있다. 하지만 그녀는 좌절하지 않고 오히려 이를 강인함으로 부각시켰다.

사담 후세인은 그녀를 '사악한 뱀 같은 여자'라고 혹평했지만, 올브라이트 국무장관은 이에 대해 마음 상해하기보다는 뱀 모양의 브로치를 달고 다녀 다른 사람의 혹평조차도 자신을 PR하는 수단으로 활용하는 자신감을 보였다. 그녀의 당당한 태도는 세계인들에게 깊은 인상을 남겼다.

만약 그녀가 자신의 외모에 대해 비관하고 후세인의 혹평에 의기소침했다면 여성으로서 그와 같은 높은 직위에 오르지도, 오래 머무르지도 못했을 것이다.

이처럼 자신감은 마음먹기에 따라 달라진다.

다음에 제시하는 방법을 꾸준히 연습하면 자신감을 얻을 수 있다.

- 거울을 보고 자신에게 최면을 걸어라. 거울을 보며 '넌 할 수 있어'라는 말을 되풀이하면 용기가 생긴다.
- 사람이 많은 곳을 찾아다녀라. 자기보다 못한 사람을 접하면 큰 힘이 된다.
- 자신을 열등하게 하는 것을 분석하라. 가정환경, 학력, 능력 등 나를 열등하게 하는 것을 정확하게 파악하여 보완하면 당당해질 수 있다.
- 잘할 수 없는 것은 과감하게 포기하라. 잘하지 못하는 것에 집착하면 열등감만 깊어진다.
- 잘할 수 있는 것을 찾아라. 사소한 것이라도 잘할 수 있는 것을 계속하다 보면 자신감이 생긴다.
- 우물 안 개구리가 되지 마라. 열등감은 자신의 세계에 너무 갇혀 있어서 발생하기도 한다.
- 자기를 받아들일 수 있는 사람과 장소에서 적극적으로 표현하라. 자신의 의견을 적극적으로 수용하는 환경은 자신감을 키우기에 적당하다.
- 보색대비 옷을 입어라. 강렬한 색상이나 디자인은 당당하게 보인다.

- 얼굴 근육을 풀어라. 밝고 활기찬 얼굴은 자신만만해 보인다.
- 남들과 비교하지 마라. 비교만큼 열등감을 조성하는 것은 없다.
- 안 입었던 스타일이나 컬러의 옷을 입어라. 과감하게 자기표현을 계속 시도하다 보면 저절로 자신감이 생긴다.
- 말을 할 때 의도적으로 배에 힘을 줘라. 명확하고 힘 있는 목소리는 당당하게 보인다.
- 소리를 질러라. 자신감이 없는 사람은 속으로 침잠하는 경향이 많다. 소리 지르기를 통해 이 습관을 고쳐라.
- 환경에 변화를 줘라. 여행 등은 자신을 변화시키는 데 큰 도움이 된다.
- 메이크업을 할 때 눈썹을 V자로 그려라. 개성 있고 활기차게 보인다.

겸손을 미덕으로 생각하는 유교의 영향을 받은 우리나라는 자신감을 부정적으로 생각했다. '나서는' 사람을 곱지 않은 시선으로 바라보고 그들을 외면했다. 하지만 요즘은 오히려 지나친 겸손이 부정적인 이미지를 준다. 설사 일을 능숙하게 못하더라도 자신감 있게 행동하는 사람들이 사랑을 받는다. 요즘 사람들은 미운 뒤통수를 감추는 사람보다는 '뒤통수가 미워도 머리를 빡빡 미는 사람'에게 호감을 느낀다.

MY PROJECT

자신감 있는 사람이 되고 싶다면 자신을 열등하게 생각하는 '나'를 버려라.

자기 일에 자신감을 심어 주는 행동지침

- 내가 하는 일이 가족을 비롯한 여러 사람의 일상을 지켜주는 중요한 일이라고 여긴다.
- 자신의 직업이 세상에서 가장 훌륭하다고 생각한다.
- 일의 성패는 모두 자신에게 달려 있다는 것을 명심한다.
- 나만이 할 수 있는 일이라고 암시를 준다.

SUCCESS_31
메모를 해야 할 사람

••• '그러니까 네가 하고 싶은 말의 핵심이 뭐야?', '간단한 것을 왜 그렇게 어렵게 말하니?'라는 말을 자주 듣는 사람들이 있다. 이들은 대부분 말을 논리정연하게 하지 못하는 사람들로 상상력이 풍부하거나, 여러 생각을 한꺼번에 하거나, 지나치게 말을 많이 하는 경우가 많다.

말을 논리적으로 못하면 자신의 이미지에 부정적인 영향을 미친다. 필자가 컨설팅한 C그룹의 CEO는 샤프하고 카리스마가 느껴지는, 겉으로 보기에는 나무랄 데 없는 모습을 갖추고 있었지만 대화를 나누면서 그 이미지는 여지없이 깨지고 말았다.

그는 논리적으로 말을 하지 못할 뿐만 아니라 이를 절제하지 못해 외적인 모습에서 느껴지는 카리스마를 저하시키고 있었다. 또한 대화시 미숙한 시선 처리로 상대방의 집중력까지 떨어뜨려 학벌, 능력, 외모까지 두루 겸비했음에도 상대방에게 신뢰감을 심어 주지 못했다.

논리적인 말하기는 구체적인 실천 방법을 통해 훈련을 해야 이루어질 수 있다. 논리적인 말하기 훈련법은 다음과 같다.

- 생각을 단순화하라. 말을 논리적으로 못하는 사람은 여러 생각을 한꺼번에 하는 경우가 많다.
- 메모를 하라. 중요한 미팅 자리에 참석하기 전에 자신이 해야 할 말을 미리 메모하여 쓸데없는 말을 하는 것을 예방한다.
- 두괄식으로 말하라. 요점을 먼저 말하고 부연 설명을 한다. 그래야 사람들이 지루해하지 않고 자신의 말을 끝까지 듣는다.
- 단문을 사용하라. 말하는 문장이 길어지면 말하고자 하는 핵심이 흐려진다.
- 말의 템포를 늦춰라. 생각나는 대로 말을 빠르게 하다보면 핵심에서 벗어날 우려가 높다.

세상은 수많은 인간관계로 이루어져 있고, 결국 성공은 다른 사람에게 자신의 뜻을 얼마나 효과적으로 관철시키느냐에 따라 좌우된다. 그러므로 성공하려면 논리적으로 말하는 연습을 해야 한다.

MY PROJECT

논리 정연한 말하기를 하고 싶다면 구체적으로 연습하라.

TIP 효과 만점 화술

- 미리 얘기할 내용을 정리하라.
- 한 주제에 대해서만 말하라.
- 쉬운 이해를 위해 예를 많이 들어라.
- 상대방이 머리 속에 그릴 수 있도록 구체적으로 묘사하라.
- 상대방의 분위기를 살펴라.
- 알기 쉽게 이야기하라.
- 당당하게 말하라.
- 밝고 명쾌한 목소리로 말하라.
- 공감대를 형성할 수 있는 화제를 선택하라.
- 유머를 사용하라.

SUCCESS_32

향기가 필요한 사람

▶▶▶ 지인 중에 한 변호사가 있는데, 그를 비롯한 친인척들 대부분이 변호사나 검사 등 사회에서 내로라하는 직업을 가지고 있다. 또한 그의 외모는 배우를 해도 좋을 만큼 수려하고, 국내 명문대학을 졸업했으며, 모가 나지 않은 원만한 성격을 가지고 있다. 그런데도 그의 주위에는 사람들이 없다. 모든 사람들이 그를 매력적이라고 생각하지만 친해지고 싶다는 생각을 하지 않는다. 바라보는 것은 좋으나 사귀기는 주저한다. 이는 그에게서 인간적인 향기가 나지 않기 때문이다.

이 유형이 자신을 효과적으로 어필하려면 인간적인 매력을 부각시켜야 한다. 하지만 모든 것이 완벽하기 때문에 아무리 변화를 시도해도 다른 사람들의 인식이 쉽게 변하지 않는다. 따라서 무작정 자신의 이미지를 망가뜨리기보다는 완벽함을 그대로 고수하면서 인간미를 더하는 것이 오히려 효과적이다. 여기서 인위적인 인간미 부각은 절대

안 된다.

- 자신의 완벽한 이미지를 더욱 부각시키되 항상 미소지어라. 완벽한 이미지를 최소화하는 작업을 무리하게 하면 오히려 역효과를 가져올 수 있으므로 이 유형은 자신의 완벽한 이미지를 그대로 살리는 것이 효과적이다.
- 대화를 할 때 자신이 말하기보다는 상대방의 이야기를 집중해서 들어주고 따뜻하게 말을 건네라. 대다수의 사람들은 완벽한 사람 앞에서 '혹시 자신이 한심하게 보이지 않을까'라는 걱정에 말하기를 주저하므로 상대방을 겸손하고 따뜻하게 대해야 한다.
- 상대방에게 작은 선물을 하라. 붕어빵, 꽃 등 자신의 이미지와 어울리지 않는 소박한 소품을 이용하여 이벤트를 하면 사람들의 바라보는 눈이 달라진다.
- 자신을 먼저 소개하라. 대다수 사람들은 완벽한 사람에게 쉽게 다가가지 못하기 때문에 자신이 먼저 다가서야 한다.
- 상대방의 이름을 기억하라. 이름을 기억하고 불러주면 상대방이 친근감을 느낀다.
- 상대방에게 칭찬을 자주 하라. 칭찬은 관계를 진척시킬 수 있는 가장 효과적인 방법이다.
- 예의바르게 행동하라. 직위가 높더라도 처음 만난 자리에서 존댓말을 하면 따뜻한 인상을 준다.

세상에는 수많은 좋은 향기가 있다. 그러나 그중에서 가장 아름다운 향기는 바로 '사람의 향기'이다. '사람의 향기'가 없는 사람은 진정 아름답지도 완벽하지도 않다.

MY PROJECT

진정 완벽해지고 싶다면 사람의 향기를 가져라.

 재즈를 연주하는 앨런 그린스펀

13년 동안 미국 연방준비제도이사회(FRB) 의장으로 군림하고 있는 앨런 그린스펀은 '그의 말 한마디면 세계 시장이 흔들린다'는 말을 들을 만큼 세계적인 금융 전문가로서의 강한 카리스마를 가지고 있다.

지금까지 그는 냉철한 금융 전문가답게 항상 검은 뿔테 안경과 골똘하게 고민하는 표정으로 유능한 전문가로서의 이미지를 효과적으로 표현했다. 그래서 사람들은 그를 존경하고 신뢰했지만 친근감을 느끼지는 못했다.

그런데 얼마 전 그가 학창시절 재즈 연주에 심취했었다는 사실이 밝혀지면서 사람들은 그에게 인간적인 매력을 느끼게 되었고, 그를 더욱 신뢰하고 존경하게 되었다. 그린스펀 개인적으로 금융 전문가로서의 냉철한 이미지를 깨뜨리고 이미지에 긍정적인 효과를 가져왔다.

SUCCESS_33
카리스마가 부족한 사람

■■■ 로버트 드니로, 알 파치노처럼 명배우들은 한결같이 좌중을 압도하는 힘을 가지고 있다. 그들은 존재하는 것만으로도 사람들의 이목을 집중시키고 자신의 매력 속으로 빠져들게 한다. 그 힘이 바로 카리스마이다.

내면에 내재된 재능과 특징을 모두 포함하는 카리스마는 성공 여부를 결정하는 중요한 요소가 된다. 탁월한 지적 능력을 가지고 있더라도 카리스마가 없으면 우위를 점하기 힘들다.

필자가 컨설팅한 병원 원장은 세심하고 꼼꼼하게 일을 계획하여 추진하는 능력은 뛰어났으나 속단하는 면이 많고 전체를 보는 감각이 부족하여 카리스마가 없어 보이는 사람이었다. 또한 따뜻하고 자상한 이미지로 사람을 편안하게 만드는 장점이 있으나 '아저씨' 처럼 마냥 편해 보이고 흐트러져 보여 효과적으로 리더십을 발휘하지 못하고, 지나치게 업무 중심으로 사람을 판단하여 직원들의 호감을 얻지 못했다.

그래서 필자는 원장 개인에게로 지나치게 집중된 에너지와 시선을 주변 환경으로 옮기는 데 주안점을 두면서 안정감, 절제미, 긴장감을 심어 주는 PI를 실시했다. 충분한 자기 바라보기 시간을 통해 전체를 볼 수 있는 여유로움을 갖게 해주고, 정돈되지 않은 현재의 이미지를 차가운 느낌이 나면서 부드러운 모던 엘레강스한 스타일의 연출로 선명하고 절도 있는 모습으로 변화시켰다. 그 결과 그는 카리스마가 있는 이미지로 바뀌었다.

카리스마는 부드러움과 적절하게 조화를 이뤄야 더욱 빛을 발한다. 경영 전문 격주간지 《포춘》지가 매년 선정하는 '가장 영향력 있는 미국 여성 기업인 50'에서 5년 연속 1위를 차지한 휴렛팩커드(HP)의 회장 겸 최고경영자 칼리 피오리나는 카리스마와 부드러움을 동시에 갖춘 대표적인 인물이라고 할 수 있다.

1980년 AT&T에 말단 영업사원으로 입사하여 남다른 추진력과 언변술로 초고속 승진을 한 칼리 피오리나는 과감한 경영 전략을 구사하는, 여성으로서는 보기 드문 카리스마와 리더십을 갖춘 여성 CEO이다. 하지만 그녀는 최고경영자라는 딱딱한 이미지를 없애기 위해 항상 정장 속에 컬러풀한 블라우스를 입어 부드러운 이미지를 부각시킨다.

카리스마를 갖기란 만만치 않지만 불가능한 것은 아니다. 카리스마는 스스로 얼마나 노력하느냐에 따라 충분히 가질 수 있다.

- 모든 일에 열정을 가져라. 열정적인 사람은 상대방에게 좋은 이미지를 심어 주고 긍정적인 영향을 미쳐 그들을 리드할 수 있다.
- 제스처와 목소리에 힘을 실어라. 명쾌한 목소리와 큰 제스처는 카리스마가 있는 사람으로 보이게 만든다.

- 꿈을 가져라. 삶의 목표가 뚜렷하지 않은 사람은 카리스마를 가질 수 없다.
- 눈과 입을 적절하게 사용하라. 수다스럽거나 눈에 힘이 없는 사람들은 상대방을 끌어당길 수 없다.
- 똑똑해져라. 전문적인 지식은 카리스마를 발휘하는 힘이다.
- 자신감을 가져라. 의기소침한 자세에서는 카리스마를 느낄 수 없다.
- 반듯한 자세를 가져라. 흐트러진 자세는 상대방에게 신뢰를 주지 못한다.
- 감정을 조절하라. 쉽게 자신의 감정을 드러내면 카리스마가 떨어진다.
- 따뜻한 마음을 가져라. 독단적이고 이기적인 사람보다 남을 존중하고 배려할 줄 아는 사람이 호소력이 있다.
- 말하기를 잘하라. 커뮤니케이션을 능수능란하게 잘하는 사람에게서 카리스마가 느껴진다.
- 패션 전략을 세워라. 진회색, 검정색, 순백색, 파란색 등의 컬러 옷은 카리스마가 있어 보이게 만든다.

MY PROJECT

유능한 리더가 되려면 강한 카리스마를 가져라.

 TIP 강한 카리스마를 발산하는 코디법
- 한 벌 정장을 입어라. 색상과 스타일이 동일한 계열은 카리스마를 발산한다.
- 옷을 단순하게 입어라. 단색이면서 무늬가 없는 옷에서 강한 힘이 느껴진다.

- 짙은 색의 옷을 입어라. 연한 색은 밝아 보이지만 가벼워 보이기 쉽고, 짙은 색은 어두워 보이지만 무게감이 느껴진다.
- 타이트하게 옷을 입어라. 헐렁한 옷차림은 느슨해 보이고 비전문적으로 보일 수 있다.
- 포인트를 줄 수 있는 소품을 이용하라. 단색의 옷에 강한 원색 스카프 등을 매치시키면 카리스마가 느껴진다.
- 색상 차가 큰 옷을 입어라. 짙은 색 블라우스나 셔츠를 입었을 경우 색상 차가 큰 밝은 색 계열의 넥타이나 액세서리를 착용하면 선명한 이미지를 심어 줄 수 있다.

SUCCESS_34

열 살 늙어 보이는 사람

••• 갓 태어난 애벌레가 길을 가고 있었다. 그런데 만나는 벌레마다 그를 향해 인사를 했다. 처음에 애벌레는 그냥 대수롭지 않게 여겼다. 하지만 시간이 갈수록 그들이 왜 자신에게 인사를 하는지 궁금했다. 때마침 맞은편에서 오는 개미가 보였다. 개미 역시 애벌레와 눈이 마주치자 인사를 했다. 애벌레가 개미에게 물었다.

"개미야, 넌 왜 내게 인사를 하니?"

"저보다 나이가 많기 때문이지요."

"그래? 너는 태어난 지 얼마나 됐는데?"

"이제 겨우 열 달이 지났어요."

"뭐라고? 난 사흘밖에 되지 않았는데?"

"거짓말, 당신은 주름 때문에 나이가 많아 보이는걸요."

애벌레처럼 나이가 어림에도 불구하고 늙어 보이는 사람이 있다. 애벌레의 주름처럼 작은 부분이 전체 분위기를 좌우하여 벌어지는 현상이다.

늙어 보이는 요인에는 외모, 패션 스타일, 행동, 사고방식 등 그 종류가 다양하다. 이런 요소 하나하나가 늙어 보이게 만드는 데 결정적인 역할을 한다.

어두운 이미지
밝은 이미지는 젊어 보이고, 어둠침침한 이미지는 늙어 보인다.

조숙한 옷차림
캐주얼은 어려 보이는 반면 정장은 나이가 들어 보인다.

조숙한 행동
침착한 행동은 조숙해 보인다.

조숙한 말투
말이 논리정연하고 어려운 어휘 등을 많이 사용하면 성숙해 보인다.

헤어스타일
파마 머리와 대머리는 조숙해 보인다.

체형
배가 나오면 나이가 들어 보인다.

메이크업

진한 메이크업은 성숙해 보인다.

피부 상태

피부가 칙칙하거나 좋지 않으면 나이가 많아 보인다.

이중에서 한 가지만 두드러지게 부각돼도 상대방에게 나이가 들어 보인다는 인상을 주는 것이다. 따라서 제 나이보다 많다는 소리를 듣지 않으려면 늙어 보이는 요소들을 제거해야 한다.

- 긍정적인 생각을 가져라. 긍정적인 생각을 가지고 있는 사람은 어려 보이고, 그렇지 않으면 늙어 보인다.
- 밝은 표정을 지어라. 밝은 인상은 젊어 보이고, 어두운 인상은 조숙해 보인다.
- 옛날 옷을 버리고 현재 유행하고 있는 옷을 구입하라.
- 앨범 속의 나와 현재의 나를 비교하라. 젊었을 때의 모습을 자주 보면 자극제가 되어 젊어지기 위한 노력을 게을리 하지 않는다.
- 변화를 두려워하지 마라. 한 가지만을 고수하는 사람은 융통성이 없어 늙어 보인다.
- 막힘없이 살아라. 대머리라도 긍정적인 생각, 자유로운 삶의 자세를 가진 사람은 젊어 보인다.
- 헐렁하게 옷을 입지 마라. 옷이 넉넉하면 나이가 들어 보인다.
- 밝은 컬러의 옷을 입어라. 경쾌하고 발랄한 컬러는 어려 보인다.
- 생머리를 하라. 파마 머리는 성숙해 보인다.
- 엷은 메이크업을 하라. 진한 화장은 조숙해 보인다.

- 젊은 사람과 대화를 자주 하라. 젊은 사람들과의 커뮤니케이션은 젊은 사고를 갖게 만든다.

만약 다른 사람들이 자신의 나이를 듣고 놀라는 경우가 많다면 자신을 늙어 보이게 만드는 요소를 찾아내 개선해야 한다.

물론 젊게 보이는 것이 무조건 좋은 것은 아니다. 김대중 전 대통령은 많은 나이 때문에 젊은 이미지를 부각시키는 데 중점을 두었지만 그다지 효과를 보지 못했다. 오히려 그가 가지고 있는 원숙한 이미지를 효과적으로 드러냈다면 더욱 호감을 느꼈을지도 모른다.

사람은 누구나 늙는다는 것에 대해 두려움을 가지고 있다. 늙음은 쇠퇴하는 느낌이 강하기 때문에 모든 일에 있어 '저 사람이 과연 저 일을 해낼 수 있을까' 라는 의문을 갖게 만든다.

그러므로 열정적이고 활기찬 에너지가 느껴지도록 자신의 이미지 관리에 신경을 써야 한다.

MY PROJECT

젊어 보이고 싶다면 늙어 보이는 요소를 정확히 파악하여 개선하라.

 TIP 고리타분한 이미지에서 벗어나는 방법
- 다양한 문화를 접할 수 있는 기회를 늘려라. 새로운 문화를 접하다 보면 고리타분함에서 벗어날 수 있다.
- 한 벌로 입지 마라. 한 벌은 고리타분해 보이므로 피하는 것이 좋다.

- 이질감 있게 옷을 입어라. 튀는 패션(기하학적인 무늬, 원색, 보색대비)은 발랄해 보인다.
- 개성 있는 짧은 머리를 하라. 개성이 드러나는 짧은 헤어스타일은 신선한 이미지를 준다.
- 셔츠와 넥타이를 강한 색상과 독특한 무늬가 있는 것으로 착용하여 크리에이티브한 느낌을 최대한 살려라. 헤어라인 가로 스트라이프의 넥타이는 경쾌하고 매력적으로 보이게 만들며, 레드, 오렌지, 바이올렛 블루 등 강한 색의 셔츠는 포인트를 주는 데 효과적이다.
- 연예인을 따라잡아라. 유행을 선도하는 이들을 모방하다 보면 감각적인 이미지를 가질 수 있다.

SUCCESS_35
늙어 보여야 할 사람

••• 나이가 어려 보이기를 바라는 사람이 있는가 하면 들어 보이기를 바라는 사람도 있다. 상대방에게 신뢰감을 줘야 하는 직업을 가진 사람들이 이에 속한다. 특히 영업을 하는 사람은 어려 보이는 얼굴이 치명적인 결점이 될 수 있다.

지인 중에 보험회사에 다니는 이가 있다. 그는 신입사원 시절 보험계약을 따내기 위해 여러 곳을 열심히 방문했다고 한다. 그러나 아무리 열정적으로 고객에게 접근해도 결과가 신통치 않았고, 왜 자신이 보험계약을 성사시키지 못하는지 곰곰이 고민했다고 한다. 하지만 아무리 생각해도 이유를 알 수 없었다고 한다.

그런데 하루는 한 고객과 보험 상담을 하고 있는데, 대뜸 고객이 그에게 나이가 몇이냐고 물었다고 한다. 그는 그 사람에게 왜 그런 질문을 하는지 물었는데, 그는 어린 사람은 신뢰할 수 없다고 말했다고 한다. 그는 그때서야 자신이 왜 보험계약을 성사시키지 못하는지 알게 되었다고 한다.

이처럼 다른 사람에게 신뢰감을 심어 줘야 할 직업과 역할을 가진 사람들은 나이가 들어 보여야 유리하다. 어린 이미지는 다른 사람에게 신뢰감을 주지 못하기 때문이다.

성숙하게 보이고 싶은 사람은 다음에 제시하는 방법을 참고하면 효과를 볼 수 있다.

- 중간 톤의 색상을 입어라. 그레이 계열, 파스텔 감색 계열 등 중간 톤의 색상은 신뢰감과 존중감을 나타내면서 위압감을 주지 않아 상대방에게 부드러운 인상과 완숙한 이미지를 심어 준다.
- 적절한 미소를 지어라. 적절한 미소를 지으면 배려심과 포용력이 많아 보인다.
- 중음의 목소리를 내라. 목소리가 너무 가벼우면 조숙한 이미지를 주기 힘들다.
- 전문지식을 숙지하라. 전문적인 지식을 완벽하게 숙지하면 상대방이 어리다는 것을 문제 삼지 않는다.
- 당당하라. 당당한 모습을 보이면 어리더라도 상대방이 쉽게 보지 않는다.
- 빈틈을 보이지 마라. 어리숙함은 상대방에게 어리다는 인상을 심어 주는 결정적인 요인이다.
- 트렌드를 좇지 말고 보수적으로 입어라. 유행을 좇는 것은 상대방에게 어리다는 인상을 준다.
- 소품에 신경 써라. 금테 안경, 금속성 시계 등은 나이가 들어 보인다.

상대방에게 신뢰감을 심어 줘야 할 직업을 가진 사람이 조숙해 보인다고 해서 반드시 유리한 것은 아니다. 젊음을 더욱 부각시켜 '패기' 넘치는 이미지로 전략을 세우는 것이 더 효과적일 경우도 있다. 하지만 아직까지 우리 사회는 불안정한 모험을 선호하지 않는다. 특히 신중함을 요하는 결정일수록 연륜과 경험이 있는 사람의 말을 신뢰하는 경향이 많다.

그러므로 상대방에게 신뢰감을 줘야 하는 역할을 하고 있다면 전반적인 사회 분위기에 적절하게 대응하여 성숙하게 보이는 것도 '하나의 성공전략'이다.

MY PROJECT

신뢰감을 줘야 하는 역할이라면 나이가 들어 보이도록 이미지 전략을 세워라.

 TIP 중년 남성의 소품 코디법

안경테
금속테는 카리스마를 표현하며 은테는 친근감을 준다. 따라서 얼굴형이 둥글거나 이목구비가 뚜렷하지 않아 카리스마가 떨어지는 사람은 협상 자리에서 자신의 뜻을 관철시키려면 금속테가 효과적이다.
반면 뿔테는 부드러움을 표현하므로 날카로운 인상을 가지고 있는 사람은 부드러운 이미지를 연출하기에 적당하다.

구두
한 가지 색상, 스타일의 구두보다 가방의 디자인, 색상 등과 맞추어 적절하게 코디한다. 정장 차림에는 끈이 있는 구두가 좋고, 캐주얼 차림에는 끈이 없는 구두가 좋다.

가방
우유부단한 성격의 남성은 귀퉁이에 각이 지는 디자인의 가방을 들어 강한 이미지를 표현하고, 냉철한 이미지가 강한 사람은 가방의 라인이 부드러운 것을 든다.

지갑

마른 체격의 소유자나 개인사업을 하는 사람은 질감이 느껴지는 것이 좋고, 뚱뚱한 체격이나 전문직 종사자는 질감이 느껴지지 않는 것이 좋다. 단, 중년 남성에게는 작은 지갑보다 장지갑이 품위 있어 보인다.

SUCCESS_36

절제가 필요한 사람

■■■ 카메라에는 빛을 조절하는 조리개가 있는데 사진의 밝기는 이것에 의해 결정된다. 조리개를 많이 열면 사진이 밝게 나오고, 조금 열면 어둡게 나오므로 이것을 잘 조절해야 좋은 사진을 얻을 수 있다.

사람에게도 카메라처럼 조리개가 필요한 이가 있다. 쓸데없는 말을 많이 하는 사람, 제스처를 과하게 하는 사람, 지나치게 자신을 치장하는 사람들이 이에 속하며, 이들은 다른 사람들에게 무책임해 보이고 무능력해 보여 신뢰감을 주지 못한다.

이 유형은 자신에게 절제가 필요하다는 것을 느끼지 못하거나 인식하고 있으면서도 순간순간 자신을 절제하지 못하는 경우가 많다. 이중에서 절제의 필요성을 느끼지 못하는 사람은 다른 사람의 조언에 귀를 기울이고, '자기 바라보기'를 통해 자신의 문제점을 인식하는 것이 중요하다. 그리고 절제의 필요성을 절실하게 느끼면서도 그것을 조절하지 못하는 사람은 다음과 같이 실천하면 된다.

말의 절제가 필요한 사람

항상 메모를 하라. 말을 조절하지 못하는 사람은 메모를 이용하여 쓸데없는 말을 줄인다.

쉼표를 찍어라. 말을 할 때 한 템포씩 쉬면 말하기의 남발을 막을 수 있다.

마침표를 찍어라. 말을 마쳐야 할 분위기라면 더 이상 말을 하지 마라.

듣기를 연습하라. 말을 하기보다는 상대방의 말을 듣다보면 생각이 정리되고, 그로 인해 말하기를 줄일 수 있다.

행동의 절제가 필요한 사람

시선을 고정시켜라. 시선을 고정시키면 상대방에게 산만한 이미지를 주지 않는다.

손의 움직임을 주목하라. 손 움직임이 많은 사람은 상대방을 정신없게 만들므로 주먹을 쥐거나 손을 보이지 않게 숨기는 것이 효과적이다.

손동작을 메모 습관으로 연결시켜라. 분주한 손 움직임을 이용해 메모를 한다면 일석이조다.

자신의 행동을 분석하라. 자신의 행동습관은 스스로 파악하기 힘들다. 자신의 행동을 비디오로 촬영하여 절제가 필요한 요소를 찾는다.

이미지의 절제가 필요한 사람

지나친 액세서리는 피하라. 지나친 액세서리는 혼란스럽게 보이므로 핵심 포인트 한두 개만 강조한다.

지나친 메이크업을 삼가라. 지나친 메이크업은 상대방에게 부정적인 이미지를 심어 줄 수 있다.

요란한 염색은 피하라. 요란한 염색은 상대방에게 가벼운 이미지를 준다.

삼각형 구도를 생각하라. 예를 들면 귀걸이, 브로치, 시계라든지 벨트, 안경, 시계라든지 세 가지의 액세서리를 삼각형 구도로 맞춰 하는 것이 좋다. 세 가지 이상을 하면 시선이 흐트러진다.

체형을 염두에 두라. 얼굴이 작고 몸이 뚱뚱한 사람은 몸을 강조하는 것보다 얼굴을 부각시키는 것이 효과적이고, 얼굴이 크고 몸이 마른 사람은 몸에 집중되는 이미지 전략을 세우는 것이 좋다.

소재를 통일시켜라. 귀걸이를 은으로 했다면 목걸이, 시계 등도 은색으로 통일해야 산만해 보이지 않는다.

컬러를 절제하라. 브라운색 구두를 신었다면 바지도 브라운 계열을 입어라.

패턴을 절제하라. 옷을 화려하게 입었다면 같은 패턴의 액세서리는 자제하라.

무게 중심을 고려하라. 헤어핀을 오른쪽에 착용했다면 브로치는 왼쪽에, 오른쪽에 브로치를 착용했다면 헤어핀은 왼쪽에 착용해야 안정감 있게 보인다.

MY PROJECT

절제가 필요하다면 구체적인 실천전략을 세워라.

폭주 기차, 아우구스토 피노체트

아우구스토 피노체트는 칠레에 아옌데 정권이 들어서는 것을 못마땅하게 여긴 미국의 도움으로 쿠데타를 일으켜 대통령이 된 인물이다. 그가 일으킨 쿠데타로 살해되거나 실종된 사람의 수는 무려 4천여 명에 달하고, 해외로 망명한 사람들도 전체 인구의 1/10에 해당한다.

쿠데타 이후 그는 17년을 장기집권하게 되는데, 그 동안 칠레는 지옥 그 자체였다. 정치적인 이유로 3,197명이 사망하고, 고문으로 불구자가 된 사람만도 무려 10만 명에 이른다.

이처럼 그칠 줄 모르는 피노체트의 폭정은 칠레 국민들을 분노하게 하여 전국 곳곳에서 독재에 대항하는 민주화운동이 일어났고 암살미수 사건까지 벌어졌다. 결국 그는 1988년 대통령 집권연장 투표에서 패하여 이듬해 12월에 대통령직을 사임하게 된다.

피노체트는 그 이후로도 집권 당시에 저지른 인권탄압이 문제가 되어 전 세계의 지탄을 받아 1998년 스페인에서 긴급 기소되고, 영국 재판부에서는 피노체트에게 면책특권이 없다는 판결을 내렸다. 절제를 모르는 잔혹성으로 인해 그는 어느 나라로 망명을 하든 법의 심판을 받아야 하는 처지가 되고 말았다.

SUCCESS_37
결단을 내리지 못하는 사람

•••"빨리 고르지 않고 뭐하니?"
"자장면도 먹고 싶고 짬뽕도 먹고 싶단 말이야."
"두 개를 다 먹을 수는 없잖아."
"자장면과 짬뽕을 함께 먹을 수는 없을까?"

어렸을 때 한번쯤 이런 경험이 있을 것이다. 이런 사람들을 위해 자장면과 짬뽕이 한 그릇에 나오는 메뉴가 등장했지만 삶은 두 가지 모두를 선택할 수 없다. 선택을 하지 못하고 망설이면 기회는 금방 사라지고 만다.

우리는 살면서 수많은 선택의 기로에 선다. 그래서 결단력은 성공을 하기 위해서 없어서는 안될 중요한 요소이다.

흔히 사람들은 결단력이 있는 사람을 '신속하게 끊고 맺음을 잘하는 사람'이라고 생각한다. 하지만 진정한 결단력은 단순히 빠른 선택을 말하는 것이 아니라 '신중한 판단과 빠른 실천력'을 공유하는 것을 의미한다.

세 여자가 쇼핑을 한다고 하자. A는 여러 가게를 돌아다니며 가격, 디자인, 옷감 등을 꼼꼼히 비교했다. 시간이 오래 걸리긴 했지만 자신이 원하는 스타일의 옷을 구입했다. B는 처음 들어간 곳에서 점원의 말만 듣고 재빠르게 옷을 구입했고, C는 여러 가게를 돌아보고도 마음을 정하지 못해 그냥 집으로 돌아오고 말았다.

셋 중 어떤 여자가 결단력 있는 사람일까? 직원의 말에 충동 구매한 B는 신중한 판단을 하지 않았기 때문에 결단력이 있다고 말할 수 없다. C처럼 결단을 제대로 내리지 못하는 '헤깔리우스형' 또한 결단력이 있다고 할 수 없다. 이중에서 결단력이 있는 사람은 바로 A다. 신중한 판단력이 뒷받침된 결단력은 후회를 남기지 않는다. 판단을 내리기까지 많은 시간이 소요되지만 결코 느리다고 할 수 없다.

결단력이 있는 사람이 되려면 다음과 같은 방법으로 끊임없이 연습해야 한다.

- 판단력을 길러라. 결단력은 신중한 판단이 뒷받침돼야 한다.
- 판단이 서면 서슴없이 실천하라. 아무리 판단을 잘해도 결단을 내리지 못하면 소용없다.
- 다른 사람의 말은 참조만 하라. 판단이든 결단이든 결국 내가 하는 것이다.
- 과욕을 부리지 마라. 욕심을 부리면 어떤 결단도 내리지 못한다.

신중한 판단 없는 결단은 아예 결단을 내리지 않는 것만 못하다. 이는 단추를 잘못 채우는 것과 같아서 처음부터 다시 시작하는 사태를 초래한다.

MY PROJECT

자신의 선택에 후회를 하지 않으려면 신중한 판단 뒤에 결단을 내려라.

 3천만 명분의 타이레놀을 수거한 존슨앤존슨

1982년 미국 시카고 전역에서 진통제 타이레놀을 복용한 사람이 사망하는 사건이 발생했다. 타이레놀은 존슨앤존슨의 순이익 17%를 차지하는 주력 상품이었다. 조사 결과 타이레놀에 함유된 독극물이 원인이 된 것으로 밝혀졌고, 이에 존슨앤존슨은 원인이 규명될 때까지 이 약을 먹지 말 것을 광고했다. 이후 누군가가 고의로 타이레놀에 독극물을 넣은 사실이 밝혀지자 존슨앤존슨은 시카고뿐만 아니라 미국 전 지역에 배포된 문제 없는 제품까지 모두 수거하였다.

이로 인해 존슨앤존슨은 3천만 명이 복용할 수 있는 물량을 수거하여 총 1억 달러에 이르는 손실을 봤다. 하지만 존슨앤존슨은 당장 눈에 보이는 손실보다 기업의 이미지를 훼손시키는 것이 더욱 막대한 피해를 불러올 수 있다고 판단하고 단호하게 결단을 내렸다. 그 결과 타이레놀은 아직까지도 연간 15억 달러의 매출을 올리며 존슨앤존슨의 효자 노릇을 톡톡히 하고 있다.

SUCCESS_38

플러스 인상을
가지고 싶어하는 사람

▪▪▪ 한 여자가 길을 가다가 색상과 디자인이 마음에 들어 원피스를 구입했다. 많은 사람들은 한결같이 그 옷이 그녀에게 잘 어울린다고 말했고, 그녀 또한 그 옷을 입었을 때 가장 예뻐 보인다고 생각했다. 여자는 그 옷이 낡고 해질 때까지 입었으며, 더불어 그 옷의 브랜드를 선호하게 되었다.

이처럼 첫인상은 선호도를 결정할 만큼 중요하다. 인간은 처음 인식한 이미지에 대한 판단을 쉽게 바꾸지 않기 때문이다. 그래서 첫인상이 좋지 않으면 불이익을 당하는 경우가 많다.

나이가 들수록 인상은 그 사람의 인생을 고스란히 드러낸다. 그래서 자신의 삶에 충실하지 않았던 사람들은 대부분 첫인상이 좋지 않다. 물론 첫인상이 정확하다고 단정지을 수는 없지만 첫인상에 대한 부정적인 인식을 바꾸는 데는 많은 시간이 필요하므로 어떤 상황에서든 마이너스다.

좋은 첫인상은 단시간 내에 얻기 힘들므로 평소 꾸준히 연습을 하고 가꿔야 한다.

- 우울해 보이거나 침울한 표정을 지워라. 표정이 어두우면 차가워 보인다.
- 긍정적으로 생각하라. 부정적인 생각을 가진 사람은 표정이 어둡고 우울한 느낌을 준다.
- 밝은 표정을 지어라. 웃는 얼굴은 인상을 밝고 부드럽게 만든다.
- 지나치게 잘 보이려고 하지 마라. 지나치게 잘 보이려고 하면 상대방에게 부담감과 불쾌감을 줄 수 있다.
- 강렬한 인상을 줘라. 안경이나 액세서리 등으로 한 부분을 강조하면 쉽게 기억한다.
- 예의바르게 행동하라. 첫인상이 좋은 사람이라도 예의바르지 못한 행동을 하면 부정적인 이미지로 남게 된다.
- 본인의 이미지와 다른 액세서리를 이용하라. 이미지가 차갑고 냉정해 보이는 사람이 독특한 펜이나 시계 등을 착용하면 엉뚱하다는 인상을 주어 사람들의 호기심을 불러일으킨다.
- 독특한 자기소개를 하라. 이름 등 자신의 특징 한 가지를 부각시켜 자기소개를 하면 쉽게 잊지 않는다.
- 자신감 있게 행동하라. 자신감 있게 행동하는 사람은 오래 기억에 남는다.
- 외향적인 사람은 말이나 제스처로 자신을 인지시켜라. 말이나 제스처를 최대한 활용하여 자신을 인식시킨다.
- 내향적인 사람은 소품을 이용하여 자신을 표현하라. 자신을 드러내는 것에 서툴므로 간접적으로 패션 스타일이나 소품을 이용하면 효과적이다. 말이 없더라도 보이는 것만으로 느낌을 전할 수 있는 전략을 세운다.

좋은 첫인상은 중요하지만 그 첫인상을 얼마나 지속시키느냐가 더 중요하다. 좋은 첫인상은 분명 어떤 상황에서도 플러스 요인으로 작용하지만 이를 지속시키지 못하면 오히려 상대방에게 더 큰 실망감을 안겨준다.

이는 기업도 마찬가지다. 기업의 첫인상은 사장이라고 생각하는 경우가 많지만 모든 구성원들이 첫인상이다. 예를 들어 수위가 불친절하고 흐트러진 모습을 하고 있다고 생각해 보라. 기업을 방문한 사람은 수위를 통해 기업의 이미지를 판단한다. 그래서 우리나라의 한 자동차 회사는 전문가를 영입하여 수위부터 CEO에 이르기까지 기업을 이루는 모든 구성원들의 이미지화 작업을 적극적으로 실시하고 있다.

MY PROJECT

미래를 바꾸고 싶다면 첫인상을 개선하라.

 인상적인 자기소개 하기

- 60초를 잡아라. 상대의 관심을 끌 수 있는 최대의 시간은 60초이다.
- 외모를 단정하게 하라. 단정하지 못한 외모는 부정적인 인상을 심어 준다.
- 제스처, 말하기, 듣기 등 자신의 행동에 대해 세심하라. 긍정적인 행동 하나가 오래도록 머리 속에 남는다.
- 자신이 하고 있는 역할을 분명하게 말하라. 비즈니스 자리에서 자기 역할에 대한 분명한 소개는 매우 중요하다.
- 자신의 이름을 명확하게 각인시켜라. 자기소개를 하는 근본적인 목적은

상대방에게 자신을 인식시키는 것이므로 상대방에게 이름을 각인시키는 것은 중요한 작업이다.
- 상대방의 이름을 반드시 기억하라. 자신의 이름을 빨리 기억해 주는 사람을 오래 기억한다.

SUCCESS_39

이성에게
호감을 느끼게 하는 사람

▪▪▪ 사람의 마음속에는 누구나 이성에게 호감을 주고 싶은 본능이 숨어 있다. 그래서 자신을 치장하고 이미지에 신경을 쓴다. 하지만 모든 사람들이 모든 이성에게 호감을 주는 것은 아니다.

이성에게 호감을 주기 위해서는 그 시대의 흐름을 잘 읽어야 한다. 호감 가는 이성의 모습이 변했는데도 이를 인식하지 못하면 상대방에게 어필하지 못한다.

과거에는 터프한 남자가 여성들에게 인기가 많았다. 그러나 지금은 터프한 남자보다는 배려심 많고 친절한 남자가 여성에게 강한 어필을 한다. 드라마에 등장하는 주인공들의 캐릭터 변천사를 보면 이는 더욱 명확해진다.

과거에는 터프함을 넘어서 냉소적이기까지 한 '멋대로 형' 캐릭터가 주인공인 경우가 많았지만 요즘에는 여성을 배려하고 따뜻한 마음을 가진 부드러운 캐릭터가 주인공인 경우가 많다. 이제는 남성도 부드럽고 섬세해야지만 여성들로부터 사랑을 받는다. 이는 여성의 지위 향상으로 더 이상 소극적이지 않게 되었을 뿐만 아니라 남자다운 척하는 것을 선호하지 않게 되었기 때문이다.

요즘 아시아에서 신드롬을 일으키고 있는 배용준은 그 대표적인 예라고 할 수 있다. 배용준은 흰 피부, 갸름한 얼굴, 섬세한 눈매, 입술선 등을 지니고 있어 터프하기보다는 부드러운 인상을 주는 깔끔한 마스크를 가지고 있다. 또한 드라마 '겨울 연가'에서는 오렌지 빛이 나는 바람머리, 이지적으로 보이는 안경, 컬러풀한 머플러와 터틀넥 스웨터로 남성적이기보다는 중성적인 이미지를 강조했다. 수많은 여성들로부터 사랑을 받는 배용준에게서 과거 남자 연예인들의 매력의 상징이었던 구릿빛 피부나 거친 모습은 찾아볼 수 없다.

이는 여성도 마찬가지이다. 과거에는 다소곳하고 여성스러운 이미지를 선호했지만 지금은 당당하고 적극적인 여성을 선호한다.

최근 최고의 시청률을 기록한 드라마 '파리의 연인'의 여주인공(김정은 분)은 그리 예쁘지도 않고 여성스럽지도 않으며 자주 덜렁댄다. 하지만 두 명의 남자 주인공은 그녀를 사랑한다. 항상 긍정적이고 매사에 당당한 그녀의 모습을 매력적으로 느끼기 때문이다.

물론 시대가 변해도 상대방에게 반감을 주는 이미지가 있다. 맞선 상대가 아무리 능력이 있고, 집안, 학벌 등이 좋다 해도 그의 어깨에 비듬이 하얗게 떨어져 있거나 입냄새가 심하다고 상상해 보라. 성별에 상관없이 이런 사람은 '백 번 선을 봐도' 성공할 수 없다.

상대방에게 호감을 주지 못하는 사람들은 대개 자신이 왜 이성에게 어필을 하지 못하는지 그 이유를 모른다. 심지어는 이성에게 호감을 주지 못하는 자신을 인식하지 못한다. 설사 사실을 알고 있다 해도 어떻게 자신의 이미지를 개선해야 할지 난감해 한다.

이런 유형은 다음과 같은 방법을 사용해 보자.

- 섹스어필 하라. 이성에게 성적 감흥을 주지 못한다면 단순한 비즈니스 관계에 지나지 않는다. 여성은 여성으로서 남성은 남성으로서의 매력이 있어야 한다.
- 자신의 끼와 개성을 찾아라. 내재되어 있는 끼와 개성을 찾아내어 개발하면 이성에게 강하게 어필할 수 있다. 일반적인 여성스러움보다 자신만의 개성을 발산하는 것이 더 매력적으로 보일 수 있다.
- 아름답게 웃어라. 아무리 볼품없는 사람이라도 미소가 아름다운 사람은 매력적으로 보인다.
- 매력있는 신체 부위를 부각시켜라. 남자는 팔뚝, 여자는 쇄골 부분이 이성에게 강하게 섹스어필 할 수 있다.
- 말을 자제하라. 수다스러운 사람은 이성에게 매력 있게 보이지 않는다.
- 모든 이성에게 잘 보이려 하지 마라. 모든 이성에게 맞추려면 자신의 사람을 만나기가 어렵다. 지조 없는 사람은 매력적으로 보이지 않는다.
- 나를 주목하라. 나를 버리고 상대방에게 무조건 주목하는 태도는 이성에게 호감을 주지 못한다.
- 자신을 솔직하게 드러내라. 인위적인 모습은 이성에게 어필하지 못한다.
- 모성본능 혹은 부성본능을 자극하라. 보호본능을 자극하는 것은 강한 매력이 된다.

사람들은 흔히 이성에게 호감을 주는 매력은 외모에 의해 결정된다고 생각한다. 하지만 매력은 외모 하나에 의해 결정되는 것이 아니라 여러 가지 요소에 의해 좌우된다.

요즘 한창 인기를 끌고 있는 남자배우 권상우는 혀짧은 소리가 오히려 여성들에게 매력으로 인식되고 있고, 이러한 결점을 솔직하게 드러냄으로써 귀여운 캐릭터로 대중에게 어필하고 있다.

이처럼 이성에게 호감을 주는 이미지는 특별한 것이 아니라 자신의 모습을 그대로 인정하면서 자연스럽게 행동하는 것에서 비롯된다.

MY PROJECT

이성에게 호감을 주고 싶다면 자신을 솔직하게 드러내라.

 TIP 이성에게 호감을 주는 데이트 원칙
- 상대방에게 적극적으로 호감을 나타내라.
- 자연스럽고 가벼운 신체 접촉을 통해 친근감을 높여라.
- 자신에게 가장 잘 어울리는 색상의 옷을 입어라.
- 조명효과를 노려라.
- 요란한 치장은 하지 마라.

SUCCESS_40

튀고 싶은 사람

••• '옛날에 태어났으면 스타가 되지 못했을 거예요' 라고 말하는 연예인들이 많다. 과거 연예인들은 조각처럼 잘생긴 얼굴이어야 인기를 끌 수 있었던 반면 요즘은 외모보다는 개성과 끼가 있느냐 없느냐에 따라 인기가 좌우된다.

최고의 인기를 끌고 있는 가수 비는 가장 대표적인 예라 할 수 있다. 현재 그는 광고, 드라마까지 종횡무진하며 최고의 인기를 구가하고 있지만, 처음에는 눈이 작아서 소속사로부터 성형수술을 권유받았다고 한다. 특히 당시는 일명 '꽃미남' 연예인들이 인기를 끌고 있었기 때문에 그는 한동안 자신의 외모에 대해 심각한 콤플렉스를 느꼈고, 실제 성형외과까지 찾아갔다고 한다. 그러나 지금의 모습이 자신에게 가장 잘 어울리고, 눈을 수술하려면 얼굴 전체를 성형해야 할지도 모른다는 의사의 말을 듣고 다시 되돌아왔다고 한다. 그래서 그는 자신의 결점이었던 외모 콤플렉스를 극복하기 위해 피나는 노력으로 가창력과 춤 실력을 쌓아 최고의 스타가 되었다. 또한 콤플렉스였던 작은 눈을 귀여운 이미지로 부각시켜 강하게 섹스어필 하고 있다.

연예인뿐만 아니라 개성의 중요성을 깨달은 일반인들도 자신의 고유 매력과 끼를 발산하는 데 주저하지 않는다. 자신을 두드러지게 하는 것이라면 무엇이든 시도하게 되었고, 그 결과 수많은 부작용을 낳고 있다. 유행에 뒤처지지 않는 것이 개성이라고 잘못 인식하여 무조건 트렌드와 연예인들을 따라하고 심지어 튀기 위해 성형수술까지 주저하지 않는다.

개성이란 말 그대로 개인의 고유한 성질을 말한다. 그런데 현대인들은 성형수술 등을 통해 타고난 고유의 매력을 죽이고 있다. 성형수술을 하지 않아도 충분하건만 자기만족을 위해, 혹은 좀더 튀기 위해 성형수술을 남발하는데, 이는 그릇된 선택이다.

이제부터 성형수술 등을 자제하고 다음과 같은 방법을 실천하여 개성도 살리고 매력도 살려보자.

- 자신 안에 어떤 매력이 있는지 파악하라. 누구나 이성에게 어필할 수 있는 매력을 가지고 있다.
- 과감해져라. 아무리 개성과 매력이 많아도 이를 과감하게 드러내지 않으면 소용이 없다.
- 잡지 등을 통해 자신에게 맞는 것과 맞지 않는 것을 이분화하라. 누구나 자신의 매력을 가장 두드러지게 하는 스타일이 있다.
- 아이 쇼핑을 하면서 선호하는 것과 선호하지 않는 것을 구분하라. 자신에게 맞는 스타일을 찾는 노력을 기울일수록 매력을 부각시킬 수 있는 방법을 빨리 찾을 수 있다.

MY PROJECT

> 튀고 싶다면 자신의 고유한 매력을 극대화시킬 수 있는 방법을 찾아라.

 신체적 약점을 매력으로 만든 개그맨 이혁재

짧은 목, 작은 키, 느끼한 이목구비, 가슴털 등을 가진 이혁재는 개그맨 중에서도 신체적 약점이 많은 연예인이다. 하지만 대중은 이혁재를 좋아한다. 그가 사교춤을 추듯 스텝을 밟으면 사람들은 웃음을 참지 못한다. 이러한 인기는 자신의 신체적 약점을 감추기보다는 적극적으로 희화화시키는 자신감에서 비롯된다.

그는 아름답지 않은 신체적 결함을 자신만의 매력으로 발산하여 대중의 인기를 끈 케이스라고 할 수 있다.

SUCCESS_41

적성을 몰라 헤매는 사람

▪▪▪ 보통 사람들은 주어진 상황에 따라 진로를 결정하는 경우가 많은데, 자칫하면 부정적인 결과를 초래할 수 있다. 그러므로 진로를 선택하기 전에 자신의 적성을 꼼꼼하게 살펴보고, 주위 사람들에게 조언을 구하며, 전문가의 도움을 받아 보는 것이 바람직하다.

필자가 컨설팅한 한 여성도 이런 경우였다.

그녀는 활동적이고 솔직하며, 결정력과 통솔력이 있는 비전형 리더 성향을 가지고 있었다. 새로운 지식에 대한 욕구가 강하고, 논리적이고 분석적인 일을 좋아하며, 장기적인 계획을 가지고 추진하는 일이 적성에 맞았다. 하지만 그녀는 엉뚱하게도 대학에서 유아교육을 전공하고 현재 아이들을 가르치고 있다. 마음껏 자신의 뜻을 펼치며 다양한 인간관계를 맺고 설득하는 일이 맞는 그녀에게 교사생활은 만족스럽지 못했다.

나의 적성을 아는 일은 미래를 결정할 만큼 중요하다. 얼마나 빨리 적성을 파악하느냐에 따라 헤매지 않고 원하는 목표에 도달할 수 있다. 뒤늦게 적성을 파악하면 이러지도 저러지도 못하는 상황에 처할 수 있다. 하지만 적성을 뒤늦게 파악했다고 해서 개선할 방법이 없는 것은 아니다. 선택한 진로를 최대한 살리면서 흥미를 느낄 수 있는 방법을 찾으면 된다.

위의 사례와 같은 경우는 대학원에 가서 유아심리학을 공부하면 학부모 상담, 유아심리치료가 가능하게 되어 자신의 적성에 맞는 일을 할 수 있다. 무엇보다 이런 경우는 그 분야에서 익힌 경험과 지식, 정보들을 효과적으로 활용할 수 있어 플러스 알파의 결과를 불러온다.

사람들은 진로를 바꾸는 일을 어려워한다. 처음부터 다시 시작해야 한다는 부담감 때문인데, 이는 진로를 바꾸기 위해 지금의 상황을 모두 버리려 하기 때문이다. 하지만 현재의 환경을 고려하지 않은 채 무작정 진로를 바꾸는 것은 자신뿐만 아니라 주변 사람들까지 힘들게 하며 여러 가지 갈등을 야기시킨다. 적성도 중요하지만 경제적인 문제, 시간적인 문제, 연령적인 문제를 충분히 고려한 후에 변화를 시도해야 한다.

적성은 그 누구도 아닌 자신에 의해 발견되는 것이다. 그래서 적성을 파악하려면 자신을 진지하게 관찰하는 노력이 필요하다.

- 나의 가장 큰 장점은 무엇인가?
- 나의 성격은 어떠한가?
- 가장 좋아하는 것은 무엇인가?
- 가장 잘하는 것은 무엇인가?

- 미래에 어떤 모습을 꿈꾸는가?

이외에도 여러 가지 구체적인 질문을 던지면서 나를 분석하면 자기의 적성을 어느 정도 파악할 수 있다. 이를 바탕으로 빨리 적성을 살릴 수 있는 전공을 선택하고 직업을 찾는다면 현실에 만족하지 못하여 자주 이직을 하고 전직을 꿈꾸는 사태를 막을 수 있다.

MY PROJECT

만족스러운 삶을 살고 싶다면 적성을 빨리 파악하라.

 TIP 적성을 늦게 파악한 고갱

프랑스 후기 인상파의 대표적 화가인 고갱은 늦게 그림을 시작한 것으로도 유명하다. 그는 17세 때부터 6년간 선원생활을 하다가 어머니의 갑작스러운 죽음으로 주식중개회사 직원으로 근무를 한다.

고갱은 25세 때 덴마크 출신 메트 소피 가드와 결혼하여 다섯 명의 아이를 낳고 단란한 가정을 꾸리지만 35세에 자신의 적성이 그림과 맞다는 사실을 깨닫고 직장을 버리고 전업화가의 길로 들어선다.

그로 인해 윤택했던 경제사정은 나빠지고 아내와의 사이도 악화되어 가정까지 파탄나고 말았지만, 그 후 고갱은 문명에 오염되지 않은 타이티로 건너가 그곳에서 살면서 많은 불후의 명작을 남겼다.

SUCCESS_42

취업을 하고 싶은 사람

••• 대학 졸업생의 가장 큰 관심사는 취업이다. 특히 취업난이 극심한 요즘에는 신입생조차 이 문제를 고민한다. 그런데 공통적으로 얼마나 튼튼하고 괜찮은 회사에 들어갈 것인지만 주목하고 자신이 그에 상응하는 능력과 자질을 가지고 있는지는 신경 쓰지 않는다.

취업에 대한 준비를 하지 않은 명문대 남학생과 지방대이지만 취업에 대한 준비를 철저히 해온 남학생이 있다고 하자. 명문대 남학생은 자기가 다니는 대학이 명문대라는 것만 믿고 공부를 게을리 하여 학점도 낮고 내세울 만한 특기도 없다. 반면 지방대생은 평소 공부를 열심히 하여 학점이 높고 취업을 위해 외국어도 공부했다. 둘 중 누가 취업 확률이 높겠는가?

과거에는 학점이 낮고 특기가 없어도 명문대생이 뽑힐 확률이 높았지만 졸업장보다는 실력을 중시하는 요즘에는 취업 준비를 철저히 한

지방대생이 취업될 가능성이 크다.

A급 레벨의 남자를 만나려면 자신도 A급이 되어야 한다는 말이 있듯 인지도가 높은 기업에 취업을 하려면 그만큼 자신의 레벨도 높여야 한다.

또한 취업을 하기에 앞서 내가 어떤 성향을 가지고 있는지도 주목해야 한다. 자신의 성향을 제대로 파악하지 못하고 취업을 하면 그만두는 사태가 벌어진다.

평소 내향적이고 차분한 학생과 적극적이고 외향적인 학생이 있다고 하자. 이들은 수많은 경쟁률을 뚫고 어렵게 취업을 했다. 내향적인 학생은 모 기업의 영업부에 입사했고, 외향적인 학생은 인지도가 높은 북디자인 회사에 취업을 했다.

이렇게 될 경우 외향적이고 활동적인 성향이 강한 영업부에 입사한 소극적인 학생이나, 차분함과 성실함을 요하는 북디자인 회사에 들어간 적극적인 학생이나 얼마 버티지 못할 것이다.

자신의 능력과 크게 동떨어지지 않는 목표를 세우는 것도 중요하다. 자신은 D급의 능력밖에 가지고 있지 않은데 A급을 바란다면 무리수가 따를 수밖에 없다. 설사 운이 좋아 회사에 취직을 한다 하더라도 견디기가 힘들다. 물론 강한 의지가 있으면 따라잡을 수도 있지만 여기서 말하는 것은 사전에 갖춰야 하는 능력을 말한다. 전쟁터와 같은 경쟁사회에서 싸워야 할 직원이 계속 총만 닦고 있다면 어떤 회사가 좋아하겠는가.

입사하고 싶은 회사에 적극적으로 접근하는 자세도 필요하다. 이메일, 편지 등을 통해 관심이 있는 회사의 상사와 자주 연락을 취하고 아르바이트, 인턴 등을 과감하게 시도하는 등 적극적인 자세로 임한다면 취업 가능성은 높아진다.

또한 자기의 능력을 최대한 발휘하여 회사의 성장에 기여하겠다는 마인드도 지녀야 한다. 적당히 일하고 월급만 받아가겠다는 마음가짐을 가진 사람은 어떤 회사에서도 환영하지 않는다.

이처럼 성공적인 취업을 하기 위해서는 갖춰야 할 것이 많다. 이를 바탕으로 취업에 대한 준비를 철저히 한다면 취업의 문은 그리 좁지 않다. 자신의 능력과 자질은 고려하지도 않은 채 무조건 좋은 회사에 들어가겠다는 마인드가 취업을 더욱 힘들게 하는 것이다.

MY PROJECT

A급 회사에 들어가고 싶다면 A급 능력을 갖춰라.

TIP 면접 잘 보는 요령
- 성실하다는 이미지를 심어 줘라.
- 당당하게 임하라.
- 논리적이고 합리적인 모습을 보여라.
- 뚜렷한 자기 주관을 가져라.
- 너무 잘난 체하지 마라.
- 면접 보는 회사에 대한 자료조사를 철저히 하라.
- 기본적 능력은 필수이고 인간적인 매력도 있음을 표현하라.

SUCCESS_43

기업의 가치를 높여주는 PI

▪▪▪ 회사를 잘 운영하고 싶은 것은 모든 CEO들의 바람이다. 그래서 대다수의 CEO들은 성공한 사례를 벤치마킹하거나 자신만의 경영방식과 전략으로 사업을 추진하기도 한다. 하지만 지금은 CEO의 변화만으로 회사를 효과적으로 이끌어 나갈 수가 없다. 기업의 브랜드 가치가 경쟁력인 요즘에는 기업을 구성하는 모든 요소에 긍정적인 변화를 주어야 기업의 성장을 꾀할 수 있다.

CI는 조직구성원의 PI, CEO의 PI, 기업의 PI를 적절하게 조화시켜 기업의 브랜드 가치를 높이는 것이 근본적인 목적이다. 세 가지 중 하나라도 소홀히 하게 되면 원활하지 못한 CI로 기업의 브랜드 가치는 상승하지 못하고 기업은 성장을 지속할 수 없다.

필자는 우리나라 기업 가운데 하나인 P그룹을 컨설팅한 적이 있다. P그룹은 국내 기업 중 CI(Corporate Identity)의 중요성을 일찍 인식한 보기 드문 회사로, 전략적인 CI를 통해 기업 이미지 제고에 성공한 사례라 할 수 있다.

처음 P그룹의 CI를 시작하면서 중요한 사실 하나를 발견했다. 기업을 구성하는 대부분의 직원들이 자신의 역할과 위치에 맞는 모습을 효과적으로 드러내지 못하고 있었다. CEO는 CEO답지 않았고, 직원은 직원답지 않았다. 기업의 이미지를 긍정적으로 드러낼 수 있는 요소가 많음에도 불구하고 이를 효과적으로 부각시키지 못하고 있었다. 이에 따라 필자는 자신의 위치와 역할을 효과적으로 드러낼 수 있는 전략을 세우고 적극적인 CI를 통해 기업의 브랜드 가치를 끌어올릴 수 있도록 컨설팅하였다.

P그룹을 처음 방문하던 날 필자는 경비원의 모습을 눈여겨보았다. 경비원의 모습은 기업의 첫인상이다. 경비원의 복장이 흐트러져 있거나 명찰, 기업마크, 경봉, 벨트, 장갑, 가스총 등 착용해야 할 소품을 갖추지 않으면 기업의 이미지에 부정적인 영향을 끼친다. 그래서 필자는 경비원이 복장과 필수 소품들을 제대로 착용하도록 하고, 기업을 이루는 구성원 중 하나라는 느낌을 살리기 위해 여직원의 유니폼과 동일한 파란 셔츠에 짙은 감색으로 조끼와 바지를 디자인하였다.

여직원의 모습은 기업의 분위기를 좌우하는 핵심이다. 하는 일이 사소하다는 이유로 여직원의 가치를 간과하는 경우가 있는데 이는 오판이다. 여직원이 머리를 치렁치렁하게 풀고 다닌다거나 화장을 진하게 하고 다닌다고 생각해 보라. 특히 여직원의 전화 받는 태도가 불친절하다고 상상해 보라. 회사의 이미지도 나빠질 뿐만 아니라 회사의 분위기를 어느 정도 파악할 수 있다. 그래서 필자는 여직원들에게 헤어스타일을 단정히 하고 머리를 묶을 경우에도 유니폼과 어우러지도록 헤어밴드와 줄을 일치시킬 것을 권했다. 또한 짙은 감청색과 블루 셔츠의 유니폼을 제안하여 세련되고 이지적인 이미지를 연출하였다.

　남자 직원은 기업을 움직이는 실질적인 힘이다. 남자 직원의 모습이 축 처져 있거나 흐트러져 있으면 비전이 없고 무능력한 기업이라는 이미지를 준다. 필자는 CEO에게 남자 직원들이 의욕에 넘칠 수 있도록 구체적인 비전을 제시할 것을 권했다. 그래야 사원들이 의욕을 가지고 회사생활에 임하기 때문이다. 사원들 또한 의욕적인 느낌을 최대한 살릴 수 있도록 미디엄 그레이 색상의 수트 등을 입도록 하여 경쾌하고 액티브한 이미지를 심어 주고, 넥타이를 밝게 코디하여 전체적인 분위기를 부드럽게 표현하였다.

　중간관리자는 CEO와 직원들의 원활한 커뮤니케이션을 돕는 중요한 역할을 하며, 기업의 변화를 혁신적으로 변화시킬 수 있는 존재이다. 필자는 중간관리자들에게 직장생활에 젖어 안정을 추구하기보다는 새로운 것에 대한 의심을 버리고 하늘과 땅을 뒤바꿔서 생각할 수 있는 호탕함과 여유를 가질 것을 권했다. 또한 개성에 따라 섹스어필할 수도 있고 무난하게 보일 수도 있도록 그레이 베이지 컬러의 수트를 추천하고, 여기에 핑크 톤의 셔츠로 변신을 추구할 수 있도록 컨설팅하였다.

　CEO는 기업을 선두에서 지휘하는 중요한 역할이다. CEO는 많은 직원들을 리드해야 하므로 부드러움과 카리스마를 동시에 지녀야 한다. 또한 기업의 이미지와 CEO의 이미지를 일치시켜야 한다. 얼마나 CEO가 자신의 이미지를 효과적으로 부각시키고 기업의 이미지와 일치시키느냐에 따라 기업의 브랜드 가치가 높아진다. 이에 따라 필자는 P그룹의 CEO에게 리더십이 느껴지도록 'TENSION'이라는 컨셉으로, 짙은 감색 수트에 차분함이 느껴지는 퍼플색 넥타이로 액센트를 주어 심플하면서도 엘레강스한 분위기가 느껴지도록 연출하였다.

여기에 기업의 심벌마크, 인테리어, 로고타입, 캐릭터, 유니폼 등 기업에서 사용하는 각종 서식류 등 전반적인 기업의 문화까지 포괄적으로 조사하여 CI작업을 하였다. 그 결과 P그룹의 브랜드 가치는 훨씬 높아졌다.

기업의 이미지는 특정 요소에 의해 좌우되는 것이 아니라 기업을 구성하는 모든 요소가 총체적으로 조화를 이룰 때 그 가치와 경쟁력이 높아진다.

따라서 회사를 잘 운영하고 싶은 CEO는 자신의 역량만을 키울 것이 아니라 기업을 이루는 모든 구성요소에 주목해야 한다. 인체의 각 기관이 자신의 역할을 제대로 해내야 몸이 건강하듯 기업 또한 조직 구성원의 PI, 기업의 PI, CEO의 PI가 동시에 상승할 때 성장한다.

MY PROJECT

회사를 잘 운영하고 싶다면 CI에 주목하라.

 스타벅스 성공 스토리

스타벅스는 최근 3년간 권위 있는 《포춘》 지가 선정하는 '최고의 직장'으로 뽑혔다. 스타벅스는 미국, 캐나다, 일본 등 전세계 30개국에 2,900개의 점포가 있고, 연간 매출액이 50억 달러에 이르는 세계 최대의 커피 전문점이다.

이렇게 큰 기업으로 성장할 수 있었던 것은 기업의 브랜드 마케팅이 성공을 거두었기 때문이다. 하워드 슐츠 회장은 스타벅스를 단순히 저렴한 커피를 마실 수 있는 곳이 아니라 고급 커피를 즐기며 공감을 나눌 수 있는 곳으로 분위기를 개선하였다. 그리고 직원들이 만족하지 못하는 기업은 고객을 만족시킬 수 없다는 인식하에 정식 직원뿐만 아니라 파트타임 직원들에게까지도 스톡옵션, 교육 프로그램을 시행하는 등 복지후생에 많은 비용을 들이고 있다.

SUCCESS_44

CEO의 이미지는
기업의 이미지이다

▪▪▪ 성공 신화를 이룬 기업들에는 하나의 공통점이 있다. 한결같이 '유능한 명장'들이 회사를 이끌고 있다는 것이다. 이러한 현상은 기업 성장의 근본이자 원동력이라 할 수 있는 기업철학이 경영자의 철학으로부터 나오기 때문이다.

비즈니스 역사상 가장 뛰어난 경영자로 불리는 GE의 전 최고경영자(CEO) 잭 웰치는 경영자의 철학이 기업의 성장에 얼마나 지대한 영향을 미치는지를 보여준 대표적인 예라고 할 수 있다.

1960년 일리노이 대학 화공학 박사학위를 받은 후 GE에 입사해 사회생활을 시작한 잭 웰치는 자신만의 독특한 경영 방식으로 승진을 거듭하여 1981년 마흔여섯 살의 최연소 나이로 회장직에 올랐다.

회장이 된 잭 웰치는 뛰어난 직관력과 탁월한 리더십으로 복잡한 조직을 갖추고 있던 GE를 재조직하고, 시장 가치 120억 달러에 머물던 GE를 4,500억 달러 규모의 세계적인 기업으로 성장시켰다. 또한 GE

를 3년 연속 세계에서 가장 존경받는 기업으로 선정되게 만들었다.

이와 같은 일이 가능했던 것은 잭 웰치의 경영철학 때문이다. 잭 웰치는 인재관리를 중요하게 생각했다. 20만 명이 넘는 직원들을 기업성장에 긍정적인 영향을 미칠 수 있도록 적절하게 배치하고, 사원들에게 비전을 제시하여 의욕적으로 업무에 임할 수 있도록 강력한 리더십을 발휘하였다. 또한 시대의 흐름에 발맞춰 6시그마, e비즈니스, 세계화 등의 전략으로 GE를 혁신적으로 변화시켜 세계 최고의 자리를 굳건히 지키도록 하였다.

이처럼 경영자의 행동과 태도는 사원들의 모범이 되어 기업의 행동방침과 연결이 되고, 경영자의 개인적 스타일은 기업의 가시적 활동으로 이어진다. 특히 경영자의 보이는 이미지들은 기업의 CI와 연결되어 기업의 이미지, 기업의 브랜드를 결정하는 핵심 요소가 된다. CEO의 가치가 기업 가치에서 차지하는 비중이 갈수록 커지고 있는 것이다.

세계적인 PR 대행사인 Burson—Marsteller에서 CEO의 명성과 기업 브랜드 가치에 미치는 결과를 조사한 바에 따르면, 1997년에 40%에서 2001년에는 48%로 약 20%나 증가하여 CEO의 이미지의 중요성이 점차 증대되고 있음을 보여주었다. 영국의 경우 CEO의 명성이 기업 전체의 이미지에서 차지하는 비율이 약 49%, 오스트리아는 52%, 독일의 경우는 64%에 이르고 있다. CEO의 이름이 브랜드가 된 것은 이미 오래전부터다. 빌 게이츠(마이크로소프트), 잭 웰치(GE) 등은 CEO의 명성이 회사명 못지않게 유명하다.

CEO PI(CEO Personal Identity)란 PI와 CI를 효과적으로 연결시켜 한 경영자로서 개인적인 면과 리더로서의 측면을 효과적으로 표현해내는 것이 목적이다. 그러므로 성공적인 CEO의 모습을 꿈꾼다면 CEO PI

를 담당할 수 있는 전담 부서를 만들고, 철저한 교육을 실시하여 CEO PI와 기업의 이미지를 일치시키도록 노력해야 한다.

MY PROJECT

성공적인 CEO를 꿈꾼다면 자신만의 경영철학을 적극적으로 드러내라.

성공한 CEO의 자기와의 커뮤니케이션 방법

카리스마와 부드러움이 내재된 이미지로 연출하라.

강인한 카리스마만 느껴지는 유형은 그 이미지를 그대로 부각시키면서 말하기, 행동하기에 부드러운 전략을 세우고, 패션 전략도 부드러운 느낌을 주는 컬러와 디자인을 선택하는 것이 좋다. 반면 부드럽고 온유한 이미지가 느껴지는 형은 그 이미지를 그대로 살려주되 결단력이 없어 보이므로 배에 힘을 주어 말하고 행동도 크게 한다. 패션 전략 또한 부드러운 컬러보다는 강렬한 느낌을 주는 수트와 셔츠, 타이 등을 선택하는 것이 좋다.

혼자만의 시간을 가져라.

바쁜 시간 속에서도 자기를 돌아보는 시간을 정해 놓고 그때만큼은 어떤 일에도 방해받지 않도록 한다. 명상은 아침에 일어나서 10분, 차안에서 틈틈이 10분, 잠자기 전에 30분 이내면 충분하다.

쉼표와 마침표를 항상 생각하라.

상대방과 커뮤니케이션을 할 때 내부고객, 외부고객, 자기 자신 모두에게 간결한 어조와 분명한 말투로 명쾌하게 지시하고 깨끗하게 정리하는 커뮤니케이션 방법을 연습한다.

SUCCESS 45

벤처 성공신화를 꿈꾸는 사람

▪▪▪ 1999년부터 시작된 벤처 바람은 지금까지 꾸준히 이어지고 있다. 장기불황과 평생직장의 개념이 사라지면서 사람들은 취업보다는 창업을 선호하게 되었고, 정부 차원에서도 중소기업 육성과 발전을 도모하면서 사람들은 보다 쉽게 벤처사업에 뛰어들게 되었다. 또한 인터넷을 비롯한 정보통신 기술의 발달이 기업 경영의 패러다임을 바꾸면서 첨단 기술이나 독특한 경영 노하우로 신규 시장을 개척하는 벤처 기업의 탄생을 부추기고 있다.

벤처사업은 성공할 경우 고수익을 창출할 수 있어 우수한 인재들과 투자자들을 유혹하고 있다. 하지만 벤처사업은 그만큼 위험성이 크다. 그래서 성공 가능성이 불투명하기 때문에 그 불확실성을 없애고 기업을 성공시키기 위해서 일반 기업보다 직원의 역할이 중요하다.

대기업에 비해 절대적으로 자원이 부족한 벤처 기업에 있어 인적 자원은 핵심 잠재력이라고 할 수 있다. 따라서 인적 자원의 잠재능력을 얼마나 이끌어내느냐에 따라 성공 여부가 결정된다. 그래서 대다수의 벤처 기업들이 스톡옵션, 이익분배 등의 경제적 보상제도를 도입하여 직원들의 의욕을 자극하고 있다.

필자는 2년 전 한 벤처회사를 컨설팅한 적이 있다. 컨설팅을 의뢰받을 당시 소프트웨어 프로그램을 개발하는 D사는 국내 순수 기술력을 바탕으로 어느 정도 안정 궤도에 이르렀지만, D사의 대외적인 CI와 구성원의 PI가 일치하지 않은 탓에 인지도 면에서 고전을 면치 못하고 있었다. 이에 필자는 기업분석과 구성원의 분석을 통해 비주얼 PI를 실시했다.

D사는 매우 낙천적이면서 추진력과 과감성을 가진 K사장을 중심으로 개성이 강한 소프트웨어 개발자들이 한마음이 되어 창업 4년 만에 자신의 분야에서 2위로 급성장하였다. 수많은 어려움이 있었지만 현재 오직 기술력 하나만으로 싱가포르에 현지법인을 설립하여 자사 제품을 판매하고 있으며, 중국과 남미에도 꾸준히 수출하고 있다. D사가 해외 진출에 심혈을 기울이는 것은 국내 시장에서의 기업 인지도가 부족하다는 약점이 큰 작용을 했다. 우리나라는 기술력보다는 기업의 대외적인 이미지가 인지도에 큰 영향을 미치기 때문이다.

처음 D사를 방문했을 때 왜 국내에서 인지도가 낮은지 어림짐작할 수 있었다. 벤처 기업은 위험하다는 고정관념도 큰 작용을 했지만 D사는 구성원뿐만 아니라 회사 분위기까지 어수선하고 삭막하였다. 비효율적인 좌석 배치와 공간 활용, 공용시설의 부족 등이 고객들에게 신뢰를 주지 못하고 있었다.

D사의 구성원들은 소프트웨어 개발자답게 모두 독자적인 스타일을 지니고 있었다. 창의적이고 도전적인 성향이 가장 큰 무기인 이들에게

이는 크게 문제 될 것이 없었지만 대외적으로 봤을 때 기업의 인지도에 부정적인 영향을 미칠 수 있었다. 특히 기업의 브랜드 가치가 점점 높아지고 있는 요즘 기술력과 잠재력을 갖추고 있다고 해도 이는 큰 걸림돌이 될 수밖에 없었다. 특히 헐렁한 티셔츠, 단정하지 못한 헤어스타일 등 K사장부터 말단 직원들까지 단정치 못한 모습은 상대방에게 호감을 주지 못했다.

그래서 필자는 우선 K사장에게 모던한 디자인의 정장, 체크무늬 베이지 셔츠, 체크무늬 벽돌색 넥타이, 가죽 팔꿈치 재킷, 다크 브라운 팬츠 등을 코디하여 이미지를 최대한 살리면서 대표자로서 상대방에게 신뢰감을 줄 수 있는 이미지 연출에 중점을 두었다. 또한 높은 목소리는 조금 낮게, 빠른 말의 속도는 조금 느리게, 과한 제스처는 적게 하여 상대방이 집중할 수 있도록 컨설팅하였다. 여기에 구성원들의 이미지는 '패기와 열정'을 나타내는 레드로 표현하여 D사의 이미지를 최대한 부각시킬 수 있도록 하였다.

또한 어수선한 회사 분위기를 개선하기 위해 최대한 자유로운 사고에 방해받지 않을 만큼의 공간 확보와 업무상 혼자서 하는 일이 많아 단절되기 쉬운 회사 분위기를 위해 원을 그리듯 좌석을 배치하였다. 여기에 공용시설도 확보하여 직원들의 원활한 커뮤니케이션에 중점을 두었다.

벤처 기업은 소수 정예이기 때문에 구성원들이 어떤 마인드를 가지고 업무에 임하느냐에 따라 미래의 모습이 판이하게 달라진다. 따라서 일반 기업보다 인지도가 낮다는 핸디캡을 극복하고 싶다면 뛰어난 기술력과 잠재능력의 개발뿐만 아니라 구성원들 스스로 PI를 통해 효과적으로 이미지 연출을 해야 한다.

MY PROJECT

성공적인 벤처 기업을 꿈꾼다면 구성원들의 이미지를 효과적으로 부각시켜 기업의 인지도를 높여라.

벤처 기업의 CEO가 갖춰야 할 역량

아이디어와 스피드 그리고 일에 대한 집중력을 갖추고 있음을 보여주어야 한다.
벤처 기업을 하는 것은 하나의 도전이고 실험이다. 따라서 신속하면서 차별화되게 일하지 않으면 안된다.

지속적인 혁신을 주도할 능력이 있음을 보여줘야 한다.
사업을 지속할 수 있는 능력, 지속적인 혁신능력이 있음을 보여줘야 한다.

새로운 사고, 끈질긴 연구, 과감한 선제공격에 능해야 한다.
여기에 비전 제시 능력과 사업설계 능력, 인간적 커뮤니케이션 기술까지 갖춘다면 금상첨화이다.

인적 네트워크가 강해야 한다.
아는 사람이 많은 것은 물론 그 사람들을 잘 연결하는 능력이 있어야 한다. 또 일이 성사되게끔 최선을 다하고 그 결과를 같이 나눌 수 있어야 한다.

SUCCESS 46

샐러리맨을 위한 PI

•••• 평생직장의 개념이 존재했던 과거에는 자신의 역할만 무난하게 해내면 원할 때까지 한 곳에서 직장생활을 지속할 수 있었다. 하지만 지금은 평생직장이라는 개념이 사라지면서 샐러리맨도 자신을 강하게 드러내지 않고서는 생존할 수 없게 되었다. 업무수행 능력뿐만 아니라 보여지는 이미지까지 균형을 맞춰야 능력 있는 직원으로 평가받는 시대가 되었다.

샐러리맨은 조직 구성원에게 뿐만 아니라 외부 고객에게도 신뢰감을 심어 주어야 한다. 샐러리맨에게 '신뢰감'은 핵심 이미지 키워드이며, 이를 얼마나 효과적으로 드러내느냐에 따라 성공 여부가 결정된다.

대다수의 사람들은 능력 있고 유능하며 적극적인 사람에게 신뢰감을 갖는다. 따라서 샐러리맨에게는 상대방에게 유능하고 적극적인 이미지를 심어 주는 블루 계열의 옷이 좋고, 여기에 전형적인 스타일이면 금상첨화다. 예를 들면 블루 수트에 밝은 블루 셔츠, 블루 톤의 스트라이프 또는 기하학적인 무늬 넥타이를 하면 상대방에게 신뢰감을 줄 수 있다.

샐러리맨은 사람들과 부딪히는 일이 잦다. 상사, 직장 동료, 고객, 거래처 사람 등등을 만나는 일이 업무의 상당 부분을 차지한다. 그러므로 비주얼뿐만 아니라 사람들과 만나는 자리에서 어떻게 대처하느냐에 따라 유능하고 신뢰감이 가는 사람으로 인식될 수 있다.

회사 내에서

구조화되고 딱딱한 회사에서 타인으로부터 존경을 받기란 여간 힘든 일이 아니다. 따라서 자신의 이미지에 대해 스스로 책임을 지는 자세가 가장 중요하다. 자신의 이미지를 재평가하고 본인의 인생과 커리어를 자율적으로 조절하는 연습을 꾸준히 하면 성공적인 이미지를 만들 수 있다.

사무실 내에서

사무실은 회사 내에서 가장 개인적인 공간이다. 사무실 내에서 자신의 자리는 권위와 힘, 커뮤니케이션 능력, 존경 등을 나타낸다. 사무실에서의 가구, 책상, 식물, 의자, 소파 등의 배치에 따라 사람을 끌리게 할 수도 있고 멀리하게 할 수도 있다. 예를 들어, 등이 높은 의자는 권위를 중시한다는 인상을 주고, 책상 앞에 의자가 놓여져 있으면 언제라도 대화가 가능한 열린 마음의 소유자라는 느낌을 준다.

고객과의 자리에서

고객과 이야기를 할 때는 낮은 테이블에서 하는 것이 좋다. 낮은 테이블을 사이에 두고 앉으면 몸을 숙이게 되고 서로 눈을 마주치면서 이야기할 수 있어 고객에게 존중을 받는다는 느낌을 줄 뿐만 아니라 원활한 커뮤니케이션에도 도움을 준다.

작은 회의실에서

작은 회의실은 공간이 좁고 사람이 적어 앉는 위치에 따라 효과적으로 자신의 지위를 높일 수도 있고 낮출 수도 있다. 예를 들어 리더와 접촉이 가장 많은 자리에서는 자신의 주장을 쉽게 펼칠 수 있다. 여기서 리더와 접촉이 가장 많은 자리는 리더의 옆에서 두 번째 정도이고, 테이블의 끝으로 갈수록 접촉이 적다. 그러므로 회의를 주도하고 싶다면 리더를 중심으로 테이블 양옆에서 1/3 정도 되는 위치에 앉는 것이 좋다.

큰 회의실에서

많은 사람들이 모이는 회의는 자신의 자질, 리더십을 평가받는 자리라고 할 수 있다. 회의를 통제하고 만족스러운 해결 방법을 찾아 나가는 과정 전체가 자신을 평가하는 기준이 된다.

큰 회의실에서 직사각형 테이블인 경우 가장 주목을 받으려면 리더를 중심으로 양옆에서 1/3~1/2 정도 되는 곳에 앉는 것이 효과적이고, 원형일 경우에는 양쪽으로 가운데에 앉는 것이 리더에게 가장 잘 보인다.

프리젠테이션 하는 자리에서

프리젠테이션 하는 자리에서 사람들의 주목을 끌려면 계속 서 있는 것이 좋다. 서 있는 것은 집단 내에서 자신의 위치를 높게 할 뿐만 아니라 시선을 마주치기에 용이하다. 또한 사람들의 집중력을 떨어뜨릴 수 있으므로 시각적인 도구를 이용할 때 외에는 계속 테이블 주위를 돌아다니는 것은 되도록 삼가고 단상 역시 되도록 피하는 것이 좋다. 단상은 발표를 할 때 사람들의 주목을 끌 수는 있으나 다른 사람과의 커뮤니케이션에는 장애가 될 수 있다.

하루에도 몇 번씩 다양한 상황에 처하게 되는 샐러리맨은 그에 맞게 얼마나 적절히 자신을 드러내느냐에 따라 주목받을 수도 있고 소외당할 수도 있다. 그러므로 자신이 부족해서라고 생각하기 이전에 효과적으로 자신을 드러내고 있는지 점검하고, 어떤 자리에서든 주목받을 수 있도록 노력해야 한다.

MY PROJECT

상사에게 주목받고 싶다면 상황에 맞게 자신을 효과적으로 드러내라.

TIP 능력 있는 샐러리맨이 되는 방법

- 항상 신입사원처럼 일하라.
- 함께 일하기 편한 사람이 되라.
- 좋은 부하, 좋은 선배, 좋은 동료가 되라.
- 적을 만들지 말라.
- 직장에서 의사소통을 할 수 있는 방법을 연구하라.
- 하고 있는 일에 애착을 가져라.
- 업무에서 성취감을 얻기 위해 노력하라.
- 실수는 시원하게 인정하라.

BI	자기행동보기
	BEHAVIOR identity
대화하기	
솔직한 대화	비즈니스에서 말을 잘 못하는 것은
진지한 듣기	사실상 가장 큰 결점일 수 있습니다.
정확한 판단	특히 리더에겐.
	또한 말 잘하는 것도 중요하지만
	말을 잘 들어주는 리더가 더 중요합니다.
	잘 듣는 사람이 올바르고 적절하게
	말을 잘 할 수 있습니다.
	그리고 잘 들어주는 사람에게 친근감을 느끼고
	안정감, 그리고 호감을 느끼게 됩니다.
	잘 듣는 것 또한 훈련을 통해서 가능합니다.

대화할 때 장황하게 설명하는 편입니까

당신은 대화할 때 몇 %나 마음속에 있는 것을 드러내고 있습니까

"죄송합니다, 미안합니다" 라는 말을 자주 사용합니까

당신은 화젯거리가 풍부합니까

대화할 때 솔직한 편입니까

주로 말하는 편입니까, 듣는 편입니까

유머감각이 있습니까

대화할 때 상대의 눈을 응시합니까

대화할 때 상대방의 말에 집중합니까

다른 사람을 배려하고 살피는 편입니까

말을 잘하고 설득력이 있습니까

BI	자기행동보기
	BEHAVIOR identity
표정	
표정은 마음의 상징	얼굴의 표정을 보면 그 사람의 기분을 알 수 있습니다. 긍정적이고 밝고 명랑한 표정이 있고 부정적이고 어둡고 침울한 표정이 있습니다.
	표정은 마음의 언어를 표현하는 것입니다.

당신의 얼굴은 웃는 표정입니까

당신의 얼굴엔 어떤 주름이 있습니까

습관적으로 짓는 표정이 있습니까

ー자형   ∧자형   ∨자형

얼굴 표정은 오랜 세월 동안 습관에 의해 만들어진 것입니다.

얼굴의 전체적 라인은 3종류로 나눌 수 있습니다.
ー자형 : 평범하며 편안한 이미지. 개성은 없습니다.
∧자형 : 지친 표정이며 우울한 이미지. 생각이 많을 것 같습니다.
∨자형 : 경쾌하고 활발하며 적극적인 이미지. 이기적인 느낌을 주기도 합니다.

당신은 어떤 이미지군에 해당됩니까

BI	자기행동보기
	BEHAVIOR identity
제스처와 자세	
제스처는 커뮤니케이션	커뮤니케이션할 때 행동을 크게 하면 제스처로 할듯 말듯하는 것보다 이미지 전달이 확실합니다. 손동작, 눈빛, 시선의 방향.
	서 있는 자세와 앉은 자세는 자신감을 표현하는 것입니다.
	어깨를 펴고 곧게 선 바른자세인지 젖힌자세인지 아니면 어깨만 굽은 자세인지.

당신은 대화할 때 손동작을 얼마나 쓰고 계십니까
(연설문을 하나 놓고 자신을 비디오로 촬영해 자신의 제스처를 비교해 봅시다.)

팔을 꼬거나 다리를 꼬는 버릇이 있습니까

당신은 당신의 자세에 만족하십니까

당신의 어깨나 등이 굽지 않았습니까
(당신의 앉아 있는 자세, 측면 자세를 비디오나 사진으로 촬영하여 스스로 자신의 자세를 비교해 보세요.)

당신은 어떤 자세입니까
☐ 바른 자세
☐ 젖힌 자세
☐ 숙인 자세
☐ 어깨만 굽은 자세(휜 자세)

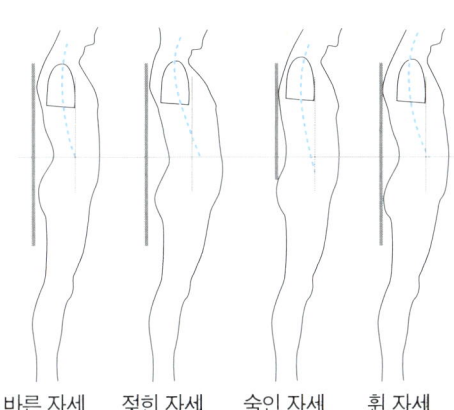

바른 자세   젖힌 자세   숙인 자세   휜 자세

BI	· 자기행동보기
	BEHAVIOR identity
자신의 목소리	
목소리의 강도	대화할 때 목소리의 성질에 따라
목소리의 고저	집중력, 설득력, 교육수준 등이 나타납니다.
목소리의 강조	목에서 나는 목소리
목소리의 억양	배에서 나는 목소리
목소리의 리듬	머리에서 나는 목소리 등.

목에서 충분히 공명을 활용하지 못하는 목소리는
세심하고 소극적으로 보이는 이미지입니다.

목소리가 둥글고 공명 활용이 되는 경우는
대범하며 자신감이 있어 보입니다.

당신의 직업에 알맞은 목소리를 가지고 있습니까

당신의 이미지와 목소리는 일치합니까

혹 당신의 목소리와 비슷한 목소리를 들어본 적이 있습니까 당신의 목소리를 분석해 봅니다.(녹음기로 녹음을 해 봅시다.)

목소리의 강도	☐ 세다	☐ 약하다
목소리의 고저	☐ 높다	☐ 낮다
목소리의 강조	☐ 있다	☐ 없다
목소리의 억양	☐ 있다	☐ 없다
목소리의 리듬	☐ 있다	☐ 없다

내 목소리의 높이와 굵기는

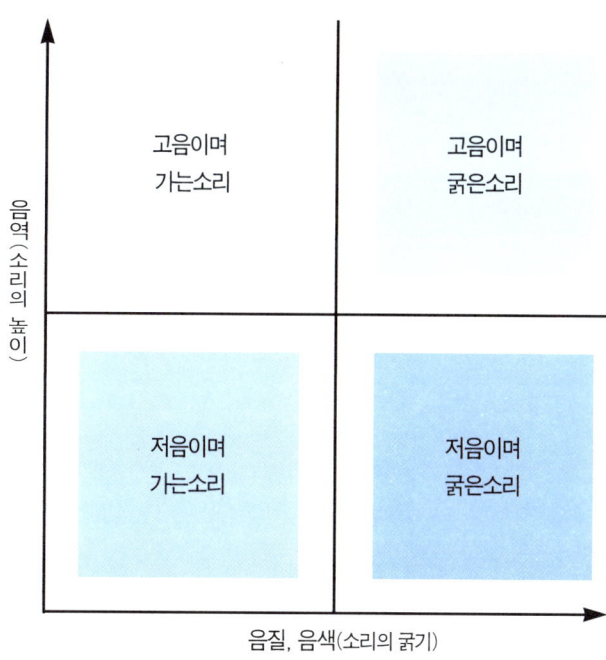

PART 4

SUCCESS_MY PROJECT_

PIP효과를 높여라

SUCCESS_47

또 하나의 표현 수단, 휴대폰

▪▪▪ '휴대용 전화기', 휴대폰이 상용화된 지는 얼마 되지 않았지만 우리 생활 깊숙이 파고들어 있다. 이제는 휴대폰이 없으면 일상이 마비될 만큼 필수품이 되었고, 단순한 통신수단이 아니라 '나'를 표현하는 하나의 기호가 되고 있다.

휴대폰이 '나'를 표현하는 하나의 수단이 되면서 유행에 따라 옷을 구입하듯 신기종이 나올 때마다 바꾸는 경우가 많다. 요즘 사람들은 고장이 나서 휴대폰을 사는 것이 아니라 유행에 뒤처지지 않기 위해 구입한다.

이러한 인식 변화로 휴대폰을 돋보이게 할 수 있는 각종 아이디어 상품들이 쏟아져 나오고 있다. 거리에 나가 보라. 휴대폰을 꾸미는 가지각색의 소품들이 즐비하고, 벨소리를 서비스하는 업체들이 우후죽순으로 생겨나고 있으며, 통신업체들은 각종 모바일 서비스를 앞다투어 내놓고 있다. 휴대폰에도 이미지화 작업이 필요한 시대가 도래한 것이다.

이제 '휴대폰을 보면 그 사람을 알 수 있다'는 말은 지나치지 않다. 그러므로 휴대폰을 소홀히 취급해서는 안 된다. 휴대폰의 이미지화는 나를 이미지화하는 작업의 연장선이다. 좋은 이미지를 심어 주는 휴대폰은 조금만 관심을 기울이면 만들 수 있다.

- 개성을 살려라. 독특하게 꾸며진 휴대폰은 상대방에게 개성이 강한 사람으로 인식되어 오래 기억 속에 남는다.
- 휴대폰 줄을 활용하라. 휴대폰 줄에 가족이나 연인 등의 사진을 매달면 상대방에게 인간미 넘치는 사람이라는 느낌을 준다.
- 깨끗함을 유지하라. 휴대폰이 지저분하면 상대방에게 단정하지 못한 이미지를 심어 줄 수 있다.
- 화려한 치장을 삼가라. 휴대폰을 지나치게 화려하게 꾸미면 산만해 보일 뿐만 아니라 전문적인 느낌이 감소한다. 특히 전문적인 이미지가 강조되어야 할 비즈니스맨에게 휴대폰의 지나친 치장은 금물이다.

MY PROJECT

나를 제대로 표현하려면 휴대폰도 이미지화하라.

 휴대폰 에티켓
- 공공장소에서는 가급적 휴대폰 사용을 피하고 부득이하게 사용해야 할 때는 외진 곳에서 하라.
- 짧게 통화하라. 상대방에 대한 배려 없이 통화를 길게 하면 전문적인 느

낌을 떨어뜨릴 뿐만 아니라 피곤한 사람이라는 인상을 준다.
- 운전 중에는 휴대폰 사용을 삼가라. 자신뿐만 아니라 다른 사람의 생명을 앗아갈 수 있는 위험한 행동이다.
- 폐쇄된 공간에서 휴대폰 사용을 피하라. 공연장, 극장, 비행기 등에서의 휴대폰 사용은 다른 사람에게 불쾌감을 줄 뿐만 아니라 부정적인 이미지를 심어 준다.
- 중요한 시간에는 과감하게 휴대폰을 꺼라. 협상 자리와 같이 중요한 비즈니스 자리에서는 되도록 휴대폰을 꺼놓는 것이 좋다.
- 이어폰을 낄 때는 진동으로 바꿔라. 이어폰을 끼고 있는 경우 벨소리를 듣지 못하는 경우가 많으므로 진동으로 바꿔야 한다.
- 사진 촬영을 남발하지 마라. 카메라가 장착된 휴대폰이 등장하면서 공공장소에서 사진 촬영을 하는 경우가 많은데, 이는 상대방에게 불쾌감을 준다.

SUCCESS_48
통화연결음은 첫인사다

••• 한 직원이 사장에게 전화를 걸었는데 통화 대기 중에 흘러나오는 음악이 요즘 최신 유행하는 가요라면 그 느낌은 어떨까?

통화연결음은 소소한 것 같지만 자신의 이미지를 결정하는 중요한 역할을 한다. 통화연결음을 통해 그 사람의 이미지, 취향, 성격, 생활, 심리상태 등을 어느 정도 유추해 볼 수 있기 때문이다.

드라마를 보면 통화연결음을 등장하는 인물의 이미지, 심리상태, 상황 등과 일치시켜 시청자들의 감성을 자극하는 도구로 적극 활용하고 있다. 어떻게 휴대폰을 통해 심리상태와 상황을 짐작하게 할 수 있는지 의문이 들겠지만, 요즘 한창 방영되고 있는 드라마를 한 예로 들어보자.

여주인공은 한 남자를 7년 넘게 짝사랑했다. 이 여주인공이 다른 사람을 사랑하기 전까지의 통화연결음은 짝사랑하는 남자에게 고백을 받고 싶은 심정을 고스란히 담고 있는 내용이다. 그런데 새로운 연인이 생기자 통화연결음이 바뀌었다.

이처럼 통화연결음은 하찮게 느껴지지만 자신의 이미지뿐만 아니라 '나'를 나타내는 존재이다. 그러므로 통화연결음을 선택할 때에도 세심한 주의가 필요하다.

다음은 좋은 이미지를 심어 줄 수 있는 통화연결음 활용법들이다.

- 상대방의 귀를 즐겁게 하는 음악을 사용하라. 통화 대기 시간 동안 흘러나오는 음악이 지나치게 시끄러운 것은 오히려 상대방의 마음을 불편하게 한다.
- 자신의 직업과 역할에 맞게 활용하라. 만약 창의적이고 독창적인 것이 요구되는 직업을 가지고 있다면 통화연결음도 독특하고 개성이 있는 것을 선택한다.
- 너무 자주 바꾸지 마라. 바꾸지 않는 것도 문제지만 너무 자주 바꾸면 상대방에게 변덕이 심하다는 느낌을 주고 가벼워 보일 수 있다.

대부분 처음 미팅을 하기 전에 먼저 전화통화를 하고 약속을 잡는다. 따라서 상대방에게 첫 이미지를 심어 주는 것은 목소리이다. 그러나 이보다 더 먼저 상대방과 대면하는 것은 통화를 기다리는 동안 흘러나오는 통화연결음이다. 통화연결음을 통해 받은 좋은 이미지는 상대방에게 친근감을 느끼게 하여 미팅 석상에서 긍정적인 효과를 불러올 수 있다.

MY PROJECT
만나기 전 상대에게 좋은 인상을 주고 싶다면 통화연결음을 적극 활용하라.

마음을 편안하게 하는 뉴에이지 음반
- 조지 윈스턴 - December, 1983
- 엔야 - Watermark, 1988
- 야니 - Romantic Moment, 1983
- 유키 구라모토 - Time for Journey, 2002
- 시크릿 가든 - Dreamcatcher, 1995

SUCCESS_49

전화 예절은
전체 이미지를 말한다

▪▪▪ 어느 회사의 간부가 거래처에 전화를 걸었다. 여직원이 전화를 받자 그는 다짜고짜 사장을 바꿔 달라고 말했다. 그녀는 정중하게 사장에게 누구라고 전하면 되겠느냐고 물었다. 그러자 간부는 기분 나쁜 듯 '바꿔 달라면 바꿔 주지 무슨 말이 그렇게 많냐'며 고함을 질렀다. 그녀는 기분이 상했고, 알지 못하는 그에게 부정적인 인상을 갖게 되었다.

전화 예절을 보면 그 사람의 됨됨이를 알 수 있다. 전화를 적절하게 사용하지 못하면 본인의 의사와 상관없이 사람들에게 부정적인 이미지를 심어 주며, 때론 그 사람의 모든 것을 말하기도 한다. 그러므로 좋은 인상을 주려면 전화 예절도 잘 지켜야 한다.

- 장소를 가려라. 특히 비즈니스 자리에서는 가급적 전화를 사용하지 않는 것이 좋다. 공적인 자리에서 전화 통화를 하는 것은 대화의 흐름을 끊을 뿐만

아니라 전문가다운 이미지를 주지 못한다.
- 자신을 정확하게 소개하라. 자기가 누구인지 밝히지도 않은 채 다짜고짜 얘기를 하는 것은 상대방에게 불쾌감을 줄 뿐만 아니라 몰상식한 사람이라는 이미지를 준다.
- 신속하게 전화를 받고 끊어라. 벨소리가 세 번 이상 울리기 전에 전화를 받는 것이 좋고, 간단히 용건만 말하고 끊는다.
- 친절하게 전화를 받아라. 볼 수 없기 때문에 더욱 친절하고 예의바르게 전화를 받아야 한다. 조금만 잘못해도 자신의 의사와 상관없이 상대방에게 부정적인 이미지를 준다.
- 전화를 빨리 끊지 마라. 통화가 끝나자마자 전화를 '뚝' 끊으면 기분을 상하게 한다.
- 분위기를 살펴라. 상대방이 기분이 좋지 않거나 중요한 일을 처리하고 있을 경우에는 통화를 짧게 하는 것이 예의다.
- 천천히 또렷하게 전화 메시지를 남겨라. 지나치게 빠르거나 웅얼거리듯 메시지를 남기면 상대방이 잘 알아듣지 못한다.
- 중요한 정보는 한 번 더 반복하라. 이름, 전화번호 등과 같이 중요한 정보는 메시지 끝에 한 번 더 반복해서 말해 주면 좋다.
- 음식을 먹으면서 전화를 받지 마라. 음식 먹는 소리는 듣기 좋지 않다.
- 기다리는 사람이 있을 때는 전화를 빨리 끊어라. 공공기관에 근무하는 공무원이 기다리는 사람이 많음에도 불구하고 전화 통화를 길게 하는 경우가 있는데, 이는 상대방을 짜증나게 한다.
- 목소리를 줄여라. 목소리가 너무 크면 상대방이 전화를 빨리 끊고 싶어한다.
- 메모를 하라. 통화 중 중요한 내용을 메모해 두면 잊어버릴 염려가 없다.

잘못된 전화 예절은 상대방에게 사려 깊지 못한 자신을 드러내는 것이며, 전문적인 느낌을 떨어뜨리므로 전화 한 통을 하더라도 예의를 지켜야 한다. 말단 직원의 전화 받는 태도가 기업 전체의 이미지를 결정할 수 있음을 잊지 말자.

MY PROJECT

상대방에게 좋은 이미지를 심어 주고 싶다면 전화 예절을 지켜라.

TIP 성공적인 전화 통화를 위한 네 가지 습관

- 상대방에게 전할 내용을 미리 정리하라. 상대방에게 전화하는 목적, 질문, 정보 등을 미리 염두에 두고 통화를 하면 전하고자 하는 내용을 빠뜨리지 않을 수 있다.
- 메모할 준비를 갖춰라. 통화를 하다보면 메모할 일이 생기기 마련이다. 필기구를 찾기 위해 상대방을 기다리게 하는 일이 없도록 한다.
- 달력과 스케줄 표를 준비하라. 비즈니스 전화 통화의 경우 미팅 약속을 잡는 일이 많으므로 달력과 스케줄 표를 준비하여 바로 기입할 수 있도록 한다.
- 요점을 메모하라. 통화 중에 요점을 정리한 후 한 번 더 확인을 하면 상대방은 당신을 능력 있고 일 잘하는 사람으로 인식한다.

SUCCESS 50

제2의 경영, 홈페이지를 활용하라

▪▪▪ 요즘 사람들은 인터넷을 통해 가상공간에 홈페이지라는 집을 지어 놓고 누구든지 들어올 수 있도록 문을 활짝 열어놓는다. 홈페이지는 불특정 다수의 방문자와 생각을 공유하고 대화를 나눌 수 있어 서로 단절되어 사는 현대인들에게 중요한 커뮤니케이션 공간이 되고 있다.

홈페이지를 보면 그 사람을 알 수 있다. 그곳을 꾸며놓은 스타일, 실려 있는 글 등은 본인의 성향을 반영하기 때문이다. 역설적으로 말하면 홈페이지를 어떻게 관리하느냐에 따라 나의 이미지가 결정된다.

개인뿐만 아니라 기업, 국가 등도 이제 홈페이지를 적극 활용하고 있다. 홈페이지는 가상공간에 있지만 불특정 다수의 사람들이 쉽게 접근할 수 있으므로 이를 소홀히 하면 설사 기업이 건실하더라도 신뢰성을 주지 못한다. 또한 홈페이지는 많은 비용을 들이지 않고도 많은 광고효과를 볼 수 있고, 다양한 정보 제공으로 소비자들의 욕구를 자극하여 고객확보 수단으로도 사용된다. 게다가 업무 부담을 줄이는 역할을 하여 웬만한 민원서류는 홈페이지를 통해 집에서 발급받을 수도 있다.

이처럼 홈페이지는 나를 알리는 또 하나의 수단이며, 잘 활용하면 시너지 효과를 불러오는 유용한 매체이다.

좋은 이미지를 심어 주는 홈페이지를 만들기 위해서는 다음과 같은 사항을 유의해야 한다.

- 정기적으로 업데이트를 하라. 홈페이지를 자주 업데이트 하지 않으면 개장휴업한 느낌을 준다.
- 신속하게 답변하라. 방문자의 질문을 무시하거나 빠르게 답변하지 않으면 신뢰도가 떨어진다.
- 신속하게 정보를 제공하라. 정보 제공이 지지부진하면 실망감을 안겨주고 회사의 신뢰도가 떨어진다.
- 부정적인 인상을 주는 글은 바로 삭제하라. 회사와 관련이 없더라도 광고나 선정적인 글들은 기업의 이미지를 떨어뜨리므로 발견 즉시 지운다.
- 다양한 서비스를 제공하라. 고객의 입장에서 한 차원 높은 서비스를 제공하면 기업의 브랜드 가치가 올라간다.
- 전문적이고 신뢰감을 줄 수 있는 느낌을 살려라. 하트 무늬나 여러 가지 원색을 사용한 홈페이지는 전문적인 느낌을 떨어뜨린다.
- 고객이 궁금해 하는 내용을 우선적으로 담아라. 고객이 궁금해 하는 내용이 없으면 두번 다시 홈페이지를 찾지 않는다.

MY PROJECT

회사의 이미지를 높이려면 홈페이지 관리를 잘하라.

 1인 미디어, 블로그

블로그는 1997년 미국에서 처음 등장했다. 블로그(blog)란 웹(web)과 로그(log)의 줄임말로 자신의 관심사를 일기, 칼럼 등 다양한 형태로 자유롭게 올릴 수 있는 1인 미디어다.

블로그는 인터넷 홈페이지 제작에 대한 지식이 없어도 쉽게 만들 수 있고, 개인 홈페이지, 웹 게시판 등 여러 가지 컴퓨터 기능이 혼합되어 있어 초보자들도 별 어려움 없이 사용할 수 있다.

SUCCESS_51

인테리어는
주인을 닮는다

▪▪▪ 대다수의 기업들은 번거롭더라도 다른 업체에게 일을 맡기기 전에 내사를 한다. 일을 믿고 맡길 수 있는 회사인지 가늠하기 위해서이다. 그래서 요즘 회사들은 인테리어에 많은 공을 들인다.

　인테리어는 사람으로 비유하자면 외모와 같다. 그래서 인테리어가 잘되어 있으면 상대방에게 좋은 인상을 심어 주어 목적을 달성할 수 있는 가능성을 높여 준다. 반면 아무리 업무수행과 잠재력이 뛰어나고 해도 회사의 인테리어가 형편없으면 신뢰를 주지 못한다. 사람들은 인테리어를 보고 사장이나 집주인을 어림짐작하기 때문이다.

　직원들이 직장 상사의 집들이에 초대받았다고 하자. 상사는 평소 냉철하고 빈틈이 없어 카리스마가 넘치는 사람이다. 그런데 그의 집을 방문했더니 레이스가 치렁치렁한 커튼이 달려 있으며 집안이 정리되어 있지 않고 어수선하다. 직원들이 무슨 생각을 하겠는가? 상사의 평소 이미지와 상반된 인테리어에 자신들의 판단을 의심할 것이다.

회사도 마찬가지이다. 우리나라에서 손꼽히는 기업들을 보면 경영주의 이미지뿐만 아니라 회사 인테리어에 많은 신경을 쓴다. 단순히 일하는 공간을 넘어서 기업 이미지 제고의 수단 및 직원들의 쾌적한 근무환경을 위해서 인테리어를 적극 활용하고 있다.

좋은 회사 이미지를 심어 주고 싶다면 다음과 같이 인테리어를 해 보자.

- 사업의 특성에 맞게 인테리어를 하라. 예를 들어 창의성을 요구하는 사업을 하는 회사라면 독창적이고 실험적인 인테리어를 하고, 일반 회사라면 깔끔하고 요란스럽지 않은 인테리어가 좋다.
- 회사의 고유 이미지를 부각시켜라. 회사의 특성을 부각시킬 수 있는 마크 등을 이용해 인테리어를 하면 상대방에게 깊은 인상을 준다.
- 사업주와 인테리어를 일치시켜라. 사업주와 인테리어의 이미지가 격차가 심하면 회사의 신뢰도가 떨어진다.
- 사용자가 편리하도록 인테리어를 하라. 지나치게 이미지 부각에만 신경 쓴 나머지 직원들이 불편함을 느껴서는 안 된다.

개인도 '보이지 않는 나' 만큼 '보이는 나'가 중요하듯 회사도 보이지 않는 업무수행 능력, 잠재력뿐만 아니라 보이는 회사의 이미지도 중요하다. 그러므로 성공적으로 기업을 운영하고 싶다면 인테리어를 통해 기업의 가치를 높이는 노력을 게을리 해서는 안된다.

MY PROJECT

나의 가치를 높이려면 자신의 이미지와 자신이 머무는 공간의 이미지를 일치시켜라.

TIP 건물 속의 마당, 중정

웰빙 바람을 타고 건물 안에 중정을 만드는 회사가 늘고 있다. 중정이란 사전적으로 안채와 바깥채 사이의 뜰을 말하는 것으로 건물 속에 햇빛이 유입되는 작은 뜰, 혹은 연못을 만들어 평소 자연과 접할 기회가 없는 직장인의 쉼터 역할을 하고 있다.

SUCCESS_52

명함은
작은 자기소개서이다

••• 명함은 중국에서 대나무를 깎아 그곳에 이름을 적어 넣은 것에서 유래되어 지금까지 널리 사용되고 있다. 명함은 크기, 재질, 색상 등 그 종류가 다양하고 영국과 미국에서는 성별에 따라 크기를 달리하여 사용하기도 한다.

명함에는 보통 주소, 전화번호, 직장명, 직위, 이름 등이 들어가 있어 자기를 소개하는 수단이 되며, 신뢰를 저버리지 않겠다는 약속의 의미도 내포하고 있다. 특히 비즈니스 명함은 회사의 이미지를 결정하는 역할을 한다. 명함 디자인이 잘되어 있는 회사는 업무수행 능력도 뛰어나고 경영상태가 좋다는 이미지를 심어 주는 반면, 단정하지 않은 명함은 화장을 하지 않고 선을 보러 나간 사람처럼 부정적인 이미지를 준다.

명함은 디자인도 중요하지만 명함 예절이 이미지에 가장 결정적인 역할을 한다. 특히 비즈니스 자리에서의 잘못된 명함 예절은 전문적인 느낌과 신뢰감을 반감시킨다.

전문성과 신뢰감을 주는 명함 매너는 다음과 같다.

상대방에게 명함을 줄 때
— 손아래 사람이 윗사람에게 먼저 내민다.
— 상대방의 정면에 서서 건넨다.
— 회사와 이름을 말하면서 건넨다.
— 상대방이 바로 읽을 수 있는 방향으로 건넨다.
— 허리와 가슴선 사이의 위치에서 건넨다.
— 왼손으로 오른손을 받치고 건네는 것이 예의다.
— 상체를 10도 정도 숙이며 정중하게 건넨다.

상대방으로부터 명함을 받을 때
— 미소를 띤 표정으로 받는다.
— 반드시 일어서서 받는다.
— 두 손으로 받는다.
— 상체를 10도 정도 숙이며 받는다.
— 가슴선 정도의 위치에서 명함을 받는다.
— 왼손으로 받친 상태에서 오른손으로 명함을 받는다.
— 상대방의 직함과 이름을 한번 불러준다.

명함을 동시에 교환할 때
— 미소를 띤 표정으로 교환한다.
— 이름을 정확히 말하며 교환한다.

— 가슴과 허리선 사이의 위치에서 교환한다.
— 오른손은 낮게 하여 명함을 건네고 왼손은 높게 하여 명함을 정중하게 받는다.
— 왼손으로 받고 오른손으로 건넨다.

이외에도 명함집을 준비하여 명함을 깨끗한 상태로 보관해야 하며, 파티 석상에서는 명함을 교환하지 않는 것이 예의다.

명함은 작지만 어떻게 사용하느냐에 따라 자신의 가치와 이미지를 높이는 도구가 된다. 그러므로 중요한 미팅에 갈 때는 항상 명함을 챙기는 습관을 들여야 하며, 상대방에게 신뢰감을 심어 줄 수 있도록 명함 예절을 몸에 익혀야 한다.

MY PROJECT

상대방에게 신뢰감을 심어 주고 싶다면 명함 예절을 완벽하게 숙지하라.

 우리나라 최초로 명함을 사용한 사람

우리나라에서 처음으로 명함을 사용한 사람은 한국인 최초의 유학생 유길준이다. 그가 사용했던 명함은 현재 미국의 세일럼 시피바디에섹스 박물관에 보관되어 있다.

SUCCESS_53

사업 성공을 좌우하는
비즈니스 편지

▪▪▪ 대부분의 사람들은 편지를 오래 보관한다. 그래서 전화나 이메일보다 편지는 자신에게 유리하게 혹은 불리하게 작용할 수 있다. 따라서 한 통의 비즈니스 편지를 보내더라도 결코 무성의하게 보내서는 안된다. 비즈니스 편지 한 통에 의해 계약의 성사 여부가 결정될 수 있다. 좋은 비즈니스 편지는 내용 전달 이상의 의미를 갖는다.

비즈니스 편지는 내용상 뚜렷한 목적을 담아야 하기 때문에 딱딱한 느낌을 지우기가 쉽지 않다. 그런데 비즈니스 편지로 좋은 이미지를 심어 주기 위해서는 부드러운 느낌이 조화롭게 녹아 들어가야 한다.

좋은 이미지를 주는 비즈니스 편지 쓰는 방법은 다음과 같다.

- 가급적 직접 손으로 써라. 손으로 직접 쓴 비즈니스 편지는 상대방에게 자신이 특별한 존재라는 느낌을 받게 한다.

- 간결하고 명확하게 써라. 너무 길거나 정리되어 있지 않은 편지는 이해도가 떨어져 상대방에게 강한 인상을 주지 못한다. 따라서 편지의 앞부분에는 쓴 목적을 언급하고, 본문에는 그에 해당하는 내용을 간단명료하게 부연해서 쓴다.
- 상대방이 의미있는 사람임을 부각시켜라. 대부분의 비즈니스 편지를 보면 구태의연한 표현을 사용하여 상대방에게 '쓰레기만 늘었네'라는 인상을 주는 경우가 많다. 수없이 많은 우편물 중에서 바쁜 상대방에게 선택되어 읽히기 위해서는 자신에게 상대방이 얼마나 의미있는 존재인지 반드시 알려야 한다.
- 예의를 지켜라. 비즈니스 편지는 기본적으로 공적인 성격이 강하므로 되도록 예의를 갖춰야 한다. 절친한 사이라면 그의 이름만 사용해도 무방하지만 친하지 않을 경우에는 이름과 존칭을 함께 사용한다.
- 비즈니스 편지를 쓴 목적을 잊지 마라. 비즈니스 편지는 반드시 목적을 담고 있어야 한다. 명확하게 자신의 요구사항을 명시하고 이를 상대방이 실천할 수 있도록 방법을 제시한다.
- 지나치게 사적인 내용을 담지 마라. 친근함을 표시하기 위해 지나치게 개인적인 내용을 많이 쓰면 상대방은 편지를 중요하게 생각하지 않는다.
- 꽉 채우지 마라. 무리하게 한 장에 내용을 다 담으려고 하지 말고 넘칠 때는 두 번째 장에 담는 것이 좋다. 빽빽한 느낌의 편지는 상대방에게 부담을 준다.
- 두 가지 이상의 서체를 사용하지 마라. 두 가지 이상의 서체를 남발하면 산만하게 보여 집중력을 떨어뜨린다.

비즈니스 편지는 일정한 규칙이 없다. 그래서 쓰기가 더욱 애매하고 힘들지만 그만큼 어떻게 활용하느냐에 따라 긍정적인 효과를 불러올 수 있다.

그러므로 비즈니스 편지를 쓸 때는 귀찮고 하찮은 업무라는 생각을 버리고 성의껏 써야 한다. 그러나 중요한 업무의 일부라는 생각에 치우친 나머지 목적과 정보만을 담는 것 또한 금물이다. 상대방에게 친근감과 따뜻함을 줄 수 있는 요소를 넣어 조화롭게 조율해야 한다.

MY PROJECT

자신의 뜻을 관철하고 싶다면 비즈니스 편지를 적극적으로 활용하라.

 편지에 쓰이는 약어

- P. T. O / T. O(Please Turn Over): 뒷면을 보세요.
- N. B(Nota Bene, Take Notice): 비고, 주의
- P. S(Postscript): 추신
- Personal / Private: 친전(직접 펴볼 것)

SUCCESS_54

향수를 잘 뿌리면 이미지가 좋아진다

▪▪▪ 사람의 오감 중에 후각은 가장 예민하면서 오래도록 기억하는 특징이 있다. 그래서 이별 후에 연인의 얼굴은 잊어버려도 그 향기는 잘 잊지 못하는 것이다.

향수는 잘 사용하면 이미지를 높일 수 있는 하나의 도구가 되지만 잘못 사용하면 상대방에게 부정적인 이미지를 심어 준다. 따라서 향수를 사용할 때에는 세심한 주의를 기울여야 한다.

좋은 이미지를 심어 주는 향수 사용법은 다음과 같다.

- 향취는 아래서부터 올라오는 특성이 있다. 따라서 무릎이나 복사뼈, 스커트 단 등 아래쪽을 중심으로 움직이는 부분에 뿌리면 좋다.
- 맥박이 뛰는 곳은 향기를 지속하는 능력이 뛰어나므로 귀 뒷부분, 목덜미 등에 뿌려주면 효과적이다.
- 온도가 높은 곳에서 향취는 증가하므로 체온이 높은 손목, 팔 중간 안쪽, 허

- 리 양쪽 측면에 뿌려 준다.
- 피부 타입별로 사용법을 달리하여 뿌려야 한다. 지성은 복합적인 향보다는 단순한 향, 농도가 짙은 퍼퓸보다는 오데코롱을 사용하는 것이 좋고, 건성은 향이 오래 남지 않으므로 향수를 뿌리기 전에 바스 오일이나 바디 로션을 발라 지속성을 높여 준다.
- 여러 곳에 소량씩 뿌려 주는 것이 좋다. 한 곳에 집중적으로 뿌리면 지나치게 강렬한 향을 발산하여 상대방에게 부정적인 인상을 심어 준다.
- 땀이 많이 나는 곳은 향이 불쾌한 냄새로 바뀔 수 있으므로 가급적 뿌리지 않는다.

MY PROJECT

오래 기억에 남는 좋은 인상을 심어 주고 싶다면 향수를 잘 활용하라.

분위기에 따른 향수 사용법

첫 만남
여러 가지 꽃 향이 조화를 이루어 달콤하고 우아한 무드를 연출하는 플로럴 부케, 숲을 연상시키는 이끼 향을 배합한, 여성다움을 느끼게 하는 세미 오리엔탈 향을 사용한다.

직장생활
너무 달콤하지도 자극적이지도 않은 꽃 향과 넓은 초원의 양치류, 이끼, 향나무 등의 냄새를 조합한 싱그러운 그린 향을 사용하면 좋다.

저녁 데이트
바닐라의 감미로운 향, 사향노루와 같은 동물성 향료, 페루 발삼과 같은 수지 향을 조합한, 깊이가 있으면서 세련된 오리엔탈 향을 사용하면 효과적이다.

토요일
레몬, 오렌지, 베가모트 등의 감귤계 향료, 현대 감각의 상쾌한 유니섹스 이미지를 갖는 시트러스계, 또는 장미, 수선화, 자스민과 같은 꽃 향을 조합시킨, 젊음이 느껴지는 심플 플로럴계의 향을 사용한다.

SUCCESS_55

서류봉투에는
서류만 담지 않는다

••• 한 여자에게 두 통의 편지가 왔다. 하나는 하얀색 규격봉투에 담긴 편지였고, 다른 하나는 예쁜 편지봉투에 담긴 것이었다. 여자는 어떤 편지를 먼저 읽을까? 대다수의 사람들이 예쁜 편지봉투에 담긴 편지를 먼저 읽을 것이다.

사람들이 연인에게 편지를 쓸 때 규격봉투에 보내지 않고 비용을 들여 예쁜 편지봉투를 사서 보내는 이유는 자신의 감정과 의사를 더욱 효과적으로 전달하기 위해서이다.

서류봉투 또한 마찬가지다. 서류봉투는 단순하게 서류나 공문을 담아 보내는 도구가 아니라 회사를 알리는 효과적인 홍보물이 되고, 회사의 이미지를 결정하는 역할을 한다.

한 회사에서 시중에 파는 일반 서류봉투와 공을 들여 제작한 서류봉투를 받았다고 하자. 대다수의 회사들이 서류봉투 하나도 소홀히 하지 않는 업체에게 후한 점수를 준다.

그래서 요즘 이를 인식한 대다수의 회사들이 서류봉투를 제작할 때 많은 비용과 공을 들인다.

좋은 이미지를 심어 주기 위한 서류봉투를 만드는 방법은 다음과 같다.

- 회사의 이미지를 적극적으로 살려라. 회사를 상징하는 마크 등을 넣어 회사의 이미지를 부각시키면 오래 기억에 남는다.
- 심플하게 만들어라. 회사 주소, 전화번호, 팩스 번호, 우편번호 등 반드시 들어가야 할 요소만 넣고 회사를 홍보하기 위한 쓸데없는 것들은 산만하게 보이므로 자제한다.
- 색상을 많이 사용하지 마라. 두 가지 이상의 색을 사용하면 가벼워 보일 수 있다.

사소한 것 같지만 서류봉투는 주로 대외적으로 사용하기 때문에 가장 저렴한 홍보물이 될 수 있다.

MY PROJECT

회사를 저렴한 가격으로 홍보하고 싶다면 서류봉투를 활용하라.

 회사 소식지, 사보

사보는 회사가 직원들과 그 가족을 대상으로 펴내는 정기 간행물로 기업 문화를 알리고 회사의 브랜드 가치를 높이는 수단으로 쓰이고 있다. 요즘은 시대의 흐름에 맞게 회사에 관련된 정보를 비롯한 다양한 읽을거리를 제공하여 딱딱한 이미지를 벗고 있으며, 인터넷으로도 사보를 볼 수 있게 만들어 사원이 아니더라도 누구나 쉽게 접할 수 있게 되었다.

SUCCESS_56
제2의 언어, 이모티콘

▪▪▪ '=3=3=3=3=3=3=3'

'이게 뭐야?'

한창 채팅을 하던 남자가 이상한 기호를 보고 궁금증에 빠졌다. 채팅을 하던 상대방이 갑자기 등호와 숫자 3이 나열되어 있는 알 수 없는 기호를 남기고 사라져 버린 것이다. 나중에 알고 보니 그것은 '퇴장한다' 는 의미였다.

이처럼 사이버 공간에서 사람들은 자신의 감정과 의사를 문자, 기호, 숫자를 이용하여 간단명료하게 표현하고 있다. 이것을 이모티콘(emoticon)이라고 하는데, 감정(emotion)과 아이콘(icon)이 합성된 단어이다.

이모티콘은 글로 쓰기에 쑥스럽거나 표현하기 어려운 감정을 나타낼 때, 간단명료하게 의미를 전달하고 싶을 때 사용한다. 또한 상대방에게 재미를 주어 친근감을 더하고자 할 때도 애용한다.

적절한 이모티콘의 사용은 상대방과 보다 원활한 커뮤니케이션을 하는 데 효과적이다. 하지만 이모티콘은 문자, 기호, 숫자가 조합된 것이므로 의미를 잘 파악하지 못하면 소용이 없다. 이모티콘을 잘 이해하지 못해 상대방이 다시 전화를 걸어 그 의미를 되묻는다면 이모티콘을 사용할 필요가 있을까?

그러므로 이모티콘을 사용할 때는 상대방이 의미를 쉽게 파악할 수 있는 것을 선택해야 한다. 이모티콘을 효과적으로 사용하는 방법은 다음과 같다.

- 이해하기 쉬운 것을 사용한다. 복잡하고 선뜻 알아볼 수 없는 이모티콘은 상대방을 당황하게 만든다.
- 상황에 맞게 이모티콘을 사용한다. 특히 비즈니스 관계에서 지나친 이모티콘 사용은 전문적인 느낌을 떨어뜨리고 가벼워 보일 수 있으므로 피하는 것이 좋다.
- 이모티콘이 핵심이 되어서는 안된다. 이모티콘은 감정이나 의사를 전달할 때 강조를 하는 것이 본래 목적이다. 따라서 전달하고자 하는 내용은 명확하게 글로써 표현한다.

MY PROJECT

상대방에게 친근감을 표시하고 싶다면 이모티콘을 적절하게 활용하라.

많이 사용하는 이모티콘 열 가지

- ^-^ : 웃는 얼굴
- ^^; : 쑥스럽게 웃는 얼굴
- ?..? : 황당한 얼굴
- n.n : 행복한 얼굴
- ^0^~ : 신바람 난 얼굴
- *.- : 윙크하는 얼굴
- @.@ : 놀란 얼굴
- -.-; : 난처한 얼굴
- (0)(0) : 눈을 크게 뜬 얼굴
- m(—)m : 감사합니다. 죄송합니다.

SUCCESS_57

보이는 이미지를 높이는
도구, 사진

••• 주민등록증은 우리나라 국민임을 나타냄과 동시에 자신을 나타내는 가장 기본적이고 중요한 수단이다. 그래서 언제 어디서든 주민등록증은 긴요하게 쓰이며 소지하고 다니지 않을 경우 불이익을 당할 수도 있다.

사람들은 적어도 한 달에 두세 번은 주민등록증을 다른 사람에게 보여줘야 할 상황에 처하게 된다. 특히 공공기관이나 금융기관에 출입이 잦은 사람들은 하루에도 여러 번씩 주민등록증을 제시한다. 그런데 대다수의 사람들이 주민등록증을 제시할 때마다 주춤거리고 민망해 한다. 주민등록증에 부착된 사진 때문이다.

사람들은 사진이 잘 나오기를 바란다. 특히 이력서에 붙는 사진은 당락을 결정하는 중요한 요소로 작용하기 때문에 세심한 주의를 기울인다. 하지만 자신이 원하는 사진을 좀처럼 얻지 못한다. 이는 자기의 얼굴형을 고려하지 않고 사진을 찍기 때문이다.

사진이 잘 나오려면 자신의 얼굴형을 고려하여 장점은 더욱 부각시키고 약점은 감추는 수정 메이크업을 해야 한다.

얼굴형에 따른 수정 메이크업은 다음과 같다.

마름모꼴 얼굴

이마와 턱이 뾰족하고 코와 광대뼈가 발달한 경우로 사진 촬영시 턱이 너무 강조되어 보여 간사해 보일 수 있다. 따라서 이마와 턱 부분을 파우더와 볼터치를 이용해 어둡게 만들어 뾰족한 부분을 가린다.

사각형 얼굴

모가 난 얼굴이지만 상하가 고루 발달하여 의지가 강하고 인내심이 많아 보여 신뢰감을 준다. 하지만 지나치게 의지가 강해 보일 수 있으므로 볼터치와 파우더로 모가 난 부분을 어둡게 하여 부드러운 인상을 만들어 준다.

직사각형 얼굴

얼굴이 좁고 긴 형으로 이해심이 없고 성격이 까다로워 보이지만 잘 연출하면 가장 이지적인 이미지를 만들 수 있다. 볼터치와 파우더로 이마 끝부분과 양쪽 턱의 발달 부분을 어둡게 하여 부드럽게 표현한다.

둥근형 얼굴

배려심이 많고 따뜻한 이미지를 주지만 나약하고 의지가 없어 보이므로 눈썹 부분을 각별히 신경 써야 한다. 눈썹을 완만하게 그리기보다는 산처럼 꺾어 그리면 개성 있어 보인다.

주걱턱형 얼굴

얼굴이 고르지 못하고 약간 휘어져 있어 투기성과 방랑벽이 많아 보인다. 그러므로 파우더와 볼터치로 얼굴의 외곽선을 뚜렷하게 표현해 주는 것이 좋다.

MY PROJECT

이미지를 높이고 싶다면 수정 메이크업을 이용하여 사진을 찍어라.

세상에서 가장 비싼 사진

세상에서 가장 비싼 사진은 '베니티 페어'라는 잡지의 2001년 4월 1일자 표지 사진이다. 이 사진에는 니콜 키드먼, 까뜨린느 드뇌브, 기네스 팰트로, 소피아 로렌, 케이트 윈슬렛 등 유명 여자배우 10명의 모습이 담겨있다.

이 사진은 유명 사진작가 애니 레이보비츠가 찍었고, 이 작업에 참여한 배우의 총 개런티는 무려 25억에 이른다.

SUCCESS_58

이미지를 결정하는
핵심 아이템, 넥타이

••• 넥타이는 비교적 제한된 옷차림에서 다양한 변화를 줄 수 있는 중요 아이템이다. 그래서 여성처럼 치장할 수 있는 요소가 적은 남성들은 넥타이를 얼마나 효과적으로 활용하느냐에 따라 패션감각이 있느냐 없느냐가 판가름 난다.

넥타이를 제대로 활용하기 위해서는 패턴이 주는 다양한 느낌을 파악해야 한다. 패턴에 따라 넥타이가 주는 느낌은 다음과 같다.

플로랄(Floral) 무늬

꽃무늬를 이용한 디자인 패턴으로 크고 다이내믹한 경우 개성적이고 독특한 이미지를 연출할 수 있다.

페이즐리(Paisley) 무늬

올챙이와 같은 곡옥 모양을 한 아이비의 대표적인 디자인 패턴으로 부드럽고 로맨틱한 느낌을 준다.

도트(Dot) 무늬

물방울처럼 동글동글한 무늬를 이루는 것을 총칭하는 것으로 그 크기에 따라 핀 도트, 폴카 도트로 나뉜다. 이외에도 크고 작은 물방울을 조합하여 변형된 느낌을 주는 샤워 도트가 있는데, 활동적인 이미지를 연출하는 데 효과적이다.

스트라이프(Stripe)

사선 줄무늬를 말하며 이 패턴은 도시적이고 이지적이며 세련된 느낌, 신뢰감을 준다.

로얄 크레스트(Royal Crest)

가문이나 특정 단체의 문장을 무늬로 한 크레스트(Crest) 무늬와 스트라이프(Stripe)를 조합한 것으로 중후한 이미지를 준다.

아트워크(Art Work)

예술 작품을 이용한 디자인으로 독창적이고 개성 있는 이미지를 연출할 수 있다.

캐릭터(Charactor)

동·식물 또는 사람의 캐릭터 등을 이용한 것으로 특히 자신의 캐릭터를 이용한 넥타이는 개성을 표현하는 데 가장 뛰어나다.

올오버(Allover)

넥타이 전체에 같은 패턴의 무늬가 반복해서 사용된 것으로 온유한 느낌을 준다.

이와 같은 다양한 패턴이 주는 넥타이의 느낌을 자신의 직업 특성과 조화롭게 일치시키면 유능하고 매력적인 이미지를 연출할 수 있다. 직업군에 따른 넥타이 코디법은 다음과 같다.

키워드가 독특성인 스포츠맨, 연예인, 프리랜서 등의 직업군
독특한 무늬나 캐릭터가 있는 넥타이
파스텔색이나 화려하고 대담하면서 다이내믹한 색상의 넥타이
고명도 고채도, 저명도 저채도 색상의 넥타이

키워드가 주목성인 교사, 강사, 정치인 등의 직업군
레지멘탈, 로얄 크레스트 등의 포인트를 주는 넥타이
보색대비의 넥타이
고명도 고채도 색상의 넥타이

키워드가 사교성인 외교관, 딜러, 세일즈맨 등의 직업군
배색감이 어우러진 올오버나 페이즐리 패턴의 넥타이
배색과 대비를 이용한 넥타이
따뜻한 색 계열로 고명도 중채도 색상의 넥타이

키워드가 역동성, 활동성인 국제마케터, 외교관 등의 직업군

배색이 강한 스트라이프, 도트 등의 생동감이 느껴지는 넥타이
보색과 면적 대비를 이용한 넥타이
따뜻한 색 계열로 중명도 고채도 색상의 넥타이

키워드가 온유성인 기자, 의사, 변호사, 컨설턴트 등의 직업군

배색이 약한 올오버, 기하학 무늬 등의 넥타이
파스텔 색상 등 온화하며 편안하고 부드러운 색상의 넥타이
따뜻한 색 계열로 고명도 저채도 색상의 넥타이

키워드가 신뢰성인 정치인, 고위 공무원, 기업 고위 임원 등의 직업군

스트라이프, 체크 무늬, 무지 등의 패턴을 가진 넥타이
단조로운 모노톤의 세련된 색상의 넥타이
차가운 색 계열로 중명도 중채도 색상의 넥타이

이처럼 전체적으로 봤을 때 넥타이가 차지하는 부분은 작지만 효과는 크다. 정치인들이 넥타이 연출에 세심한 주의를 기울이는 데는 다 이유가 있다.

MY PROJECT

상대방에게 강한 인상을 주고 싶다면 넥타이를 적극적으로 활용하라.

키에 따른 적당한 넥타이 길이

키	넥타이 길이
160cm	140.0cm
165cm	142.5cm
170cm	145.0cm
175cm	147.5cm
180cm	151.0cm

SUCCESS_59

이메일에도
예의가 필요하다

■■■ 인터넷이 보편화되면서 사람들은 이제 편지를 쓰는 대신 이메일을 보낸다. 이메일은 카드나 편지지를 사야 하는 수고로움과 우체국에 가야 하는 번거로움을 덜어 주고 비용을 절감하는 효과가 있어서 급속도로 확산되었다. 하지만 부작용도 만만치 않다. 지나치게 신속함만을 강조한 나머지 정확성이 결여되고, 무성의한 메일을 보내게 만들어 본의 아니게 상대방에게 부정적인 인상을 심어 준다.

이메일이 보편화될수록 그에 상응하는 예의를 지켜야 한다. 이를 무시하거나 소홀히 하면 모든 관계에 있어서 문제를 일으킬 소지가 있다. 메일을 잘 이용하면 손으로 직접 쓴 편지보다 상대방의 감성에 더 가까이 접근할 수 있다.

그러므로 메일 한 통을 보내더라도 이를 염두에 두고 항상 주의를 해야 한다. 메일 사용시 주의할 점은 다음과 같다.

- 정확한 문법을 사용하라. 문법이나 스펠링, 띄어쓰기 등을 잘못 사용하면 상대방에게 불쾌감을 줄 뿐만 아니라 무성의한 사람으로 인식된다.
- 용어를 사용함에 있어 세심하라. 은어, 부적절한 용어 등을 사용하면 신뢰도가 떨어지고 지적 능력도 의심받는다.
- 답장을 보낼 때 상대방이 보낸 내용을 깨끗이 지워라. 메일을 다 읽은 상태에서 받은 편지를 지우지 않은 채 그대로 답장을 보내는 경우가 많은데 상대방에게 불쾌감을 줄 수 있다. 자신이 보낸 편지를 다시 읽는 기분은 그리 유쾌하지 않다.
- 메시지를 짧게 보내라. 내용이 길어질 경우 첨부 파일을 이용한다.
- 같은 메시지를 반복해서 보내지 마라. 비능률적인 사람으로 인식될 뿐만 아니라 바쁜 상대방이 좋아하지 않는다.
- 이메일을 커뮤니케이션의 핵심 수단으로 이용하지 마라. 이메일은 전화 통화 시간이나 만남의 시간을 줄이는 방편일 뿐이다.
- 답장을 보낼 때 신중하게 생각한 후에 보내라. 누락시킨 내용을 생각날 때마다 보내면 상대방이 귀찮아할 뿐만 아니라 무능력하게 보인다.

MY PROJECT

원만한 관계를 형성하고 싶다면 이메일을 제대로 활용하라.

TIP 이메일을 처음 만든 사람

이메일을 처음 만든 사람은 레이 톰린슨이다. 1971년 그는 약 3.5m 떨어져 있는 두 컴퓨터 사이에서 이메일을 주고받을 수 있는 시스템을 개발했고, 1972년에 최초로 이메일을 보냈다. 그 후 오류가 발생하지 않도록 수많은 검증 작업을 마친 후 회사의 컴퓨터에 접속된 다른 사람들에게 사용자 이름과 호스트 이름 사이에 특수문자 '@'을 넣어 메시지를 보내기 시작했다.

VI	자기표현하기
스타일 분석	VISUAL identity

당신의 스타일은
    내추럴 스타일
    스포티 스타일
    크리에이티브 스타일
    매력적인 스타일
    모던 스타일
    드라마틱 스타일
    엘레강스 스타일
    트레디셔널 스타일

VI 자기표현하기는 스타일분석, 체형분석, 칼라분석으로 나눌 수 있습니다.

스타일 분석은 자신의 스타일 즉 헤어, 메이크업, 패션 스타일을 분석하는 것입니다.

다음 중에서 자신이 가지고 있는 성향을 잘 표현하는 형용사들을 체크해 보세요. 가장 많은 형용사가 체크된 스타일이 자신의 **내적 성향을 나타내는 스타일**입니다.

또한 자신이 되고 싶은 이미지를 나타낸 형용사들을 체크해 보세요. 역시, 가장 많은 형용사가 체크된 스타일이 자신이 **추구하는 스타일**입니다.

당신은 내적 성향은 _____ 스타일

당신이 추구하는 스타일은 _____ 스타일

VI 목표와 전략

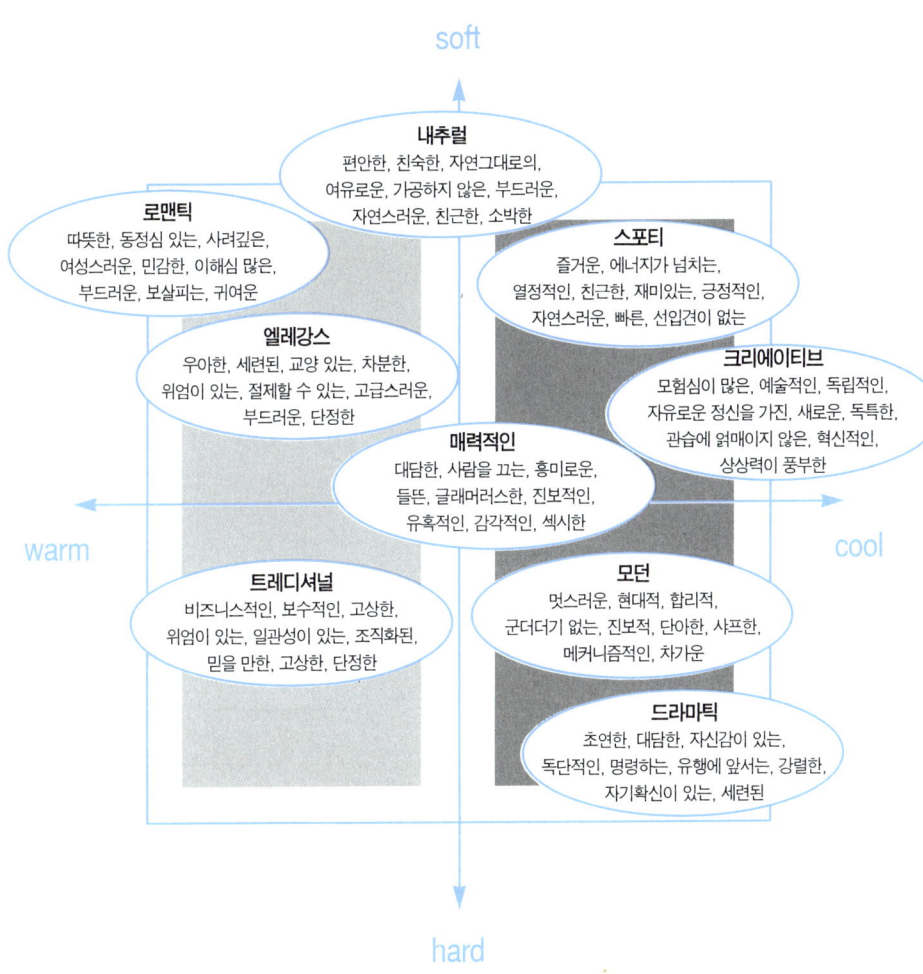

성공하려면 나를 프로젝트하라 _255

VI	자기표현하기
나의 서약식	**VISUAL identity**
이미지	
현재스타일	나의 스타일은 어떠한가
내적성향	
추구스타일	
체형	
컬러	

_____
_____
_____
_____
_____
_____
_____
_____

VI 목표와 전략

현재의 나에 대한 이미지, 스타일, 컬러, 체형 분석을 통해 파악한
'되고 싶은 나'의 VI 요소들은 무엇입니까
이를 이룩하기 위한 VI 전략을 세워 보세요

나의 스타일 아이덴티티 전략은
그래픽 아이덴티티 전략은

_____
_____
_____
_____
_____
_____
_____

1년의 계획을 세워보세요.

January

February

March

April

May

June

July

August

September

October

November

December

10년의 계획을 세워보세요.

2006년

2007년

2008년

2009년

2010년

2011년

2012년

2013년

2014년

2015년